U0916060

面对差异的考验

一个跨国公司的经历

[法]菲利普·迪里巴尔纳 著
周冉　丁小会 译

東方出版中心

序

拉法基，诞生于法国、有着人文主义传统的工业集团，今天可以庆贺它这半个多世纪以来在世界各地的发展：50年代在加拿大、巴西、摩洛哥，80年代在美国，90年代在欧洲，以及90年代中期以来在五大洲崛起的一大批新兴国家。

如今，拉法基集团遍布世界近八十个国家，但这不阻碍它联合不同层面的团队形成同一种技术文化。然而，不同国家或地区的文化，作为企业管理文化的源泉，其多样性构成了国际化的真正挑战。对这一多样性的理解和把握是产生一种企业管理文化、一种共同特征的文化的先决条件。

拉法基一步步地向前推进，从未丧失它的精神，尤其着力于持续不断地变化，让围绕一个基石进行的最大程度的价值观的集合成为可能，这些价值观有着同一种意义，形成一种共同的标识。

于是，在1975年，诞生了拉法基集团著名的《行为准则》(*Principes d'action*)。

这些准则定期得到调整，以适应集团的发展变化，适应集团统一文化追寻过程中所实现的进步。

这些准则由每一任领导团队奉行，它们引导集团的行为，塑造集团的文化。

这些价值观是稳固的，它们的表现和体验应该结合当时的限制和忧虑所在。基于一些核心价值观，譬如勇敢、投入、责任、超越自我、关注、尊重他人，可以构筑一种优秀的文化。

我们的《行为准则》最新的一次调整是在2003年。在2006年初正式交接之前，贝特朗·科隆(Bertrand Collomb)已经将领导企业的责任托付给我。

挑战很明显：在一个既国际化又区域化的企业集团，在领导文化之外，如何从我们的价值观中汲取力量来发展一种真正的优秀文化？

形势一被预计和意识到，在正式领导集团的前夕，我便决定首先把工作的安全作为集团的第一准则，这是

——基于我们尊重他人和人文主义的价值观；

——基于致力卓越的领导方向；

——为了能够调动集团的每一个合作者。

这确实是我所作过的最重要的决定：它对于每个人都是有意义的，它把所有人都调动了起来。

这个决定使我们能够遥遥领先，能够切实提高我们的水平。

在我们的发展过程中，菲利普·迪里巴尔纳(Philippe d'Iribarne)曾经多次，尤其是在做“明日领导者”(Leader for

Tomorrow)计划时，发现了一个科学研究和思考的范畴，这本书便是它的成果。

这本书向我们展现了一家跨国公司所承载的共同文化与各种当地文化之间关系的复杂性。它也表明，极大地肯定多种价值观或多种方式，即使得到的反应和态度不尽相同，却可以促进员工的融入，从而最大程度地提高工作效率。

“我们的价值观具有价值。”我常常这么说。

毋庸置疑，这部著作可以提供给我们理解问题的钥匙，让我们能力更强。有些人对于未来的统一认识一定还会从其中获得丰富：能够让不同地区的文化找到合作的道路而不是冲突、对抗。

布律诺·乐峰
(Bruno Lafont)
拉法基集团总经理

导言

文化的相遇是充满希望的，不过这希望只有历经重重考验才能成为现实。西方现代性，被视作人类的指路明灯，其在各个方面的作用需要重新考量。从中国到阿拉伯世界，文化多样性的存在摆到了当前，让本属于西方自己的基本价值观之一又反过来对抗西方。可是这一反作用被怀疑是掩盖了对很多普遍价值观的拒绝，这些价值观没有任何理由只是西方的特权。那么我们必须在文化专制与文化相对论之间作出选择吗？文化相对论尊重文化多样性，愿意接受任何行为方式，无论那在我们看来是多么冒犯。

这个疑问不属于关于民主、关于尊重人权的重大争论范畴。它更为普通，但并不是不紧迫，在跨国企业的分支机构里，我们每天都遇到它。

这些企业自然力求传播它们的管理观念，并且通过管理观念，传播在总公司业已建立的权力观念、合作观念、争端处理观念、职业责任观念。就这样，这些企业要面对各种各样的地方意见，这些意见以恰当的方式共同作用着。而许多企业感到困惑：它们应该、它们能够尽力推行自己的行为方式和价值观，不用担心遭遇“文化冲突”，导致它们的努力付诸东流吗？还是它们更应该先尊重不同的文化，以调动全体员工，也就是效率的载体吗？又或者正确的选择是试图使两种态度得以调和，可这在实践中究竟怎么做呢？

此外，对于总部在西方国家的企业来说，在和位于发展中国家的分公司打交道时，就有一个道德和政治问题摆在面前。这些分公司是不是表现出一种新殖民主义的傲慢，这种傲慢把分公司所处的社会的不利方面同当地文化受到的破坏、当地资源进行的开发联系了起来？或者相反，这些分公司是包括经济、社会、政治以及文化等方面的现代化的媒介？

这些问题以相当明显的方式在当今越来越多的跨国企业里被提出来，这些企业（在“行为准则”、“工作原则”、“伦理规则”或其他种种方面）呈现不同的形态，拥有各种各样表述的价值观，企业借助这些价值观，力求发展一种超越国界的“企业文化”。企业的行为准则只能依存于人和社会的观念，这些观念在制定行为准则时才是至关重要的。试图树立一个共同的信条有效吗？是否尊重地方现实？那些行为准则到何时、怎样才能在全球不同的地方被接受和真正实现呢？

对于我来说，由于有机会在一些跨国集团的国外分公司开展研究①，便经常面对这些问题。通过与一个在其领域（建筑材料领域）处于世界领先地位的工业集团——拉法基集团的合作，我得以深入我的研究。拉法基集团，起步于19世纪、在法国成立的一个公司，如今在全球超过七十个国家拥有分公司，在美国和中国的活动尤为重要。值得注意的是，它既有人文主义传统，又特别重视运营的国际视野。一方面无论所处国家的文化是怎样的，它都坚持保持自己的价值观；另一方面，它也清楚地意识到植根于地方文化的必要性。集团的国际化，尤其是英语国家的员工在集团中占有的位置，促使集团在向盎格鲁-撒克逊区域业务靠拢的同时，在2000年初重新审视自己的管理风格。一项大型计划于是启动——在集团所有部门传播与一套价值观②相联的一种“管理哲学”。这样一个举措真正带来的冲击会是怎样呢？除了话语上的表达之外，这个举措还可以在哪些方面影响发生在世界各地的事情？集团提出了疑问。应其要求，我们开展了

① 参见：Philippe d'Iribarne, Alain Henry, Jean-Pierre Segal, Sylvie Chevrier, Tatjana Globokar, *Cultures et Mondialisation*, Éd. du Seuil, 1998; Philippe d'Iribarne, *Le Tiers-Monde qui réussit*, Odile Jacob, 2003.

② 见《明日领导者》，第一期，2003年8月。

一系列调查，旨在帮助集团找到答案。就这样，我们开始研究这种调查所摆出的形形色色的问题，这些问题关系到工作效率，关系到隐藏的道德和政治问题，或关系到对公司价值观与某一文化之间关系属性的理解。我们现在的工作是要从我们观察和分析出的事实中汲取有益的教益。

探讨这些问题最常用的方法，是将一种文化与一套价值观暗地里作比较。所以，人们经常谈到“亚洲价值观”，还谈到西方本身的“现代价值观”与世界其他地方盛行的“传统价值观”之间的对比，或者还谈到“价值观之争”。按照这样的表述，一个外国公司的成果只能通过战胜地方价值、压制地方价值激发的反抗获得。这方面内在的参照是理性之光，理性的胜利击退了偏见的黑暗势力。正是按这样的表述，关于西方，特别是对西方企业的角色的一致质疑才具有意义。这些西方企业应该作出选择，要么采取一种胜利者的姿态，强加自己的价值观；要么采取一种尊重的态度，与前者相反，把每一种文化看做是用来保护企业自身的。

在一些国家，我们分析当地员工对于拉法基集团经营活动的反应，我们观察到的事实表明前面那个姿态是多么不合适。

集团并不是要推翻任何价值观，它也不能这样做。两种价值观——分公司的员工所认同的、和本地文化相适应的价值观，以及集团所信奉的价值观，两者之间，我们发现了一个深厚的共同根源。与源自“正确权力”(bon pouvoir)的活动相关的一切尤其如此，这“权力”热爱公正，关注公司意志所影响到的人。诚然，这方面存在着文化上的很大不同。但是这些不同不属于价值观，它们关系到后来价值观形成的方式——这也是“正确权力”的具体特点、一个上司接近其团队的方式以及公平待遇的明确标准，等等。同时，当企业的价值观与员工所奉行的价值观相抵触时，员工压根不会改变想法。典型的西方价值观就是这样，重视言论自由，重视不同意见的完全表达。

这意味着总公司自身的文化对分公司没有任何影响吗？意味着总公司只能让人被动地尊重地方文化吗？完全不是，总公司的角色并不是新价值观的强加者。这牵涉到这样一个现象，那就是现有的价值观确实在施行。在一个企业内部，不同价值观的存在是一个事实，而这些价值观的确引发权力的调整，也就是企业领导者或策略负责人的调整，这也是事实。在中国，还有在约旦，在那些我们特别感兴趣的国家，企业的日常运转似乎不太受到作为源自“正确权力”的活动之基础的价值观的影响。在这种情况下，一个跨国集团，如果价值观对其真的举足轻重，即使利用与人类活动任何可能的联系，也要竭力将价值观转化为行动，它可以运用某种文化的潜在力量施加强大影响，在当时，这力量还没被发挥出来。除了我们研究的情况，人文主义方向的西方企业在许多国家还扮演着一个重要角色，这些国家强烈期待一种有力的、公正的、关心它所影响到的人的利益的权力，不过期待经常是落空的。

自从集团要推行的价值观公布以来，这一举措的方方面面，乃至收集到的员工的相关意见，全都耐人寻味。

集团《行为准则》(*Principes d'action*)的两个参考版本，一个法国版本，一个美国版本，都已经制定，且一心使两者尽可能地相似。两者之间的比较，将在第一章中呈现，因为事关我们与他人，与客户、股东或者员工建立的联系的形式，它将表明我们远离了可以超越文化的价值观的天地。我们无法取消对于一种良好共处方式的看法的多样性。而这种相对性甚至在西方企业内部出现。

接下来,我们将在第二章和第三章探讨中国和约旦分公司员工的反应,我们就集团活动对员工工作的影响询问他们。我们不断寻找关于企业权力运作的地方意见的特别之处。我们将看到企业的举措是如何具有意义,如何被接受。

第四章是关于所有分公司的员工对于一项调查的回答结果,这项调查的目的是测试员工对于集团推行的管理方式的态度。这项调查一个特别突出的结果出自法国人。法国人以怀疑主义著称,他们对一个企业试图借之传达价值观的任何举措都表现出怀疑。既然他们要领导的人来自世界各地,那他们应该意识到世界并不是照他们自己的样子出现的,应该意识到在别的地方,特别是在亚洲,因为企业采取的那些举措引发的期待可能非常强烈。

最后一章对上述观察和分析做了总结。除了管理方面的事情外,最后一章还阐述了文化多样性在世界进程中的作用。这一章建议区分两种民主模式:一种模式,我们可以看做是约束性的,我们可以把它与"正确权力"的实施结合起来——这样一种模式意味着在法律面前人人平等,意味着领导者聆听民众心声的一种能力，还意味着非常符合大众要求的权力运用，但是这种模式没有给自由思想和争论批评留出什么位置；另一种模式，是一种激进的模式，这种模式不满足于“正确权力”，而自由思想和争论批评对于它则是根本性的。前一种模式基于似乎是普遍的价值观。相反，后一种模式似乎与一种企业发展概念密切相关，这种概念在西方之外是难以强加的。

目录

第一章
法国与美国：两种演绎方式

集团《行为准则》的两个参考版本，一个法国版本，一个美国版本，由同一批人同时拟订。① 两者严密相联，句句呼应。两者宣告着同样的价值观，语言上的接近也使两者经常使用同样的词语(例如“满足”在法语和英语中均为 satisfaction，“环境”在法语和英语中均为 environment)。快速阅读这些准则会让人认为这样的文本超越了文化的多样性。

然而，一项更为仔细的研究发现了大量的不同。这些不同决不应该是偶然出现的。因为表述出来的行为准则不只限于参考了一些价值观。它们进入到具体层面，显现了企业意图与它的客户、股东和员工建立的关系。它们不是仅仅在说这些关系应该保持良好，而是做了一番描绘，阐述了企业本身希望遵循的行为方式，而员工们对这些方式有着期待。既然进入到具体现实层面，表述出来的行为准则就不能忽视对于一个企业与其运作所牵涉到的人之间良好关系的理解方式，一边是法国方式，另一边是美国方式。而这些观念本身是同良好共处方式的更为全球化的视角联系在一起的，一边

① 这些行为准则，从 20 世纪 70 年代末就存在，到 2000 年初通过不同国家管理人员的协作，重新开始实施。这些准则被翻译成 29 种语言。法国版本和美国版本可以在公司的网站下载。

是美国视角，另一边是法国视角（见栏一）。[①]

涉及的观念透过描绘上面所说的关系所使用的词语和表达方式隐约可见，也就是说，比如表示想要（甚至是要求）某人做某事，与说希望（期待）某人做某事，表现的不是同一种关系。大致关注一下法国版《行为准则》或美国版《行为准则》提及企业活动的方式，关注它们用来达到这种效果的行文，我们看到它们的核心是某种文化，也就是说思考如何共同生活和工作的某种方式。而与此相关的，是两个版本的《行为准则》让企业走上舞台、进入与外部世界和员工的关系的方式。

一、企业在世界中

在美国版《行为准则》里，企业进入世界的行为有着双重意义。企业没有灵魂，只是一个经济角色，它尽可能地满足其客户和股东的要求，力求繁荣。另外，企业进入一个共同体，为了共同的利益，它要向这个共同体报告自己的理念和活动。在法国这边，对于企业的这种看法往往被想让企业"现代化"的人描述成为一种典范。但是这并不真的具有说服力，无论是在完全商业的层面还是在集体的层面都引出了不少含有玄机的东西。人们想要在其中看到金钱活动与进入道德范畴的一种融合。另外一种看法更具优势，它把感情上的义务与人所占据的位置、人对自己负有的责任紧密联系了起来。这些不同的看法带来了两种相反的《行为准则》版本。因此，我们在法国版《行为准则》里明显发现那些含有玄机的表示，要么关于企业的商业观念，要么关于对集体的依存。而且，与此同时，我们还在其中看到一个企业对世界的自由融入。

---

① 有些不同，我们在这里不提，它们可以另外通过纯粹语言学因素加以解释，参见：Geneviève Tréguer-Felten, *Le Leurre de l'anglais* lingua franca? *Une étude comparative de documents professionnels produits en anglais par des locuteurs chinois*, *français et américains*. 巴黎第三大学即新索邦大学（Paris-Ⅲ-Sorbonne nouvelle）语言学博士论文，2009 年。

栏一

两种社会生活观①

长期以来，美国社会的价值取向是，担忧个人的命运受到他人的支配。“侵犯”一词（encroachment，按韦氏词典解释，意为“擅自进入或打扰”，也就是：“没有获得允许就进入”、“闯入”）清楚地说明了这个意思。对于这种担忧，社会生活中的契约关系所占有的位置提供了一个回应。这些关系把各个实体联系了起来，而实体的权利义务是由一种参与性尽可能明确定义的，权利义务这两方面与之相依。如果我跟其他人由契约关系联系在了一起，倘若不是这个契约中我同意做的事情，那就不能另外强加于我什么，因为他（们）不能要求我必须怎样。若我真的可以自由做主，那就无须担忧无法控制自己的命运了。在组织内部，仔细区分各种可能性，可以帮助每个人在与上司沟通后确定目标，这种区分是缔结契约关系的一个要素。内部规章制度的存在也是同样的，它细致定义了一整套的权利义务。这种契约做法是与地方共同体，特别是与作为精神共同体的企业的概念共存的。这两个概念在一种社会观中和谐联结在一起，社会被认为是围绕种种精神价值观的聚合，尊重这些价值观对每个人来说都是一个信用要素，从而也是在社会上成功的要素。

另外一边，法国社会的价值取向是另外一种担忧，担忧会因为害怕或欲望在可能对自己有害或有利的事情面前屈服，这些事情就是那样出现，出现在自己眼前，出现在其他人眼前，鬼鬼祟祟地起着作用。遇到那些有着这一或那一头衔（比如一位上司、一个客户）、能够让你享受到某种好处的人，屈从于他们就是可耻的。在企业里，权力关系以及与客户的联系，都希望能切实建立起来，并体现在语言表达上，以便远远避开那种屈从的形象。参照整个行业、专家以及行业重要性，连带行业所意味的权利义务，在这方面起着决定作用。不过即使屈从是可耻的，忠于一个实体（一个人、一个原因、一个

① 关于这些观念请参考：Philippe d'Iribarne，*La Logique de l'honneur*（Éd. du Seuil，1989），*L'Étrangeté française*（Éd. du Seuil，2006），*Penser la diversité du monde*（Éd. du Seuil，2008）.

机构乃至一个企业)却不能与之混为一谈,我们要认识到这个实体的重要性,我们是与其合作来面对世界。

企业,它的客户和股东

在《行为准则》的两个参考版本中,企业强调了客户的重要性,强调了企业想要满足客户需求的意愿。然而在这两个国家,企业与其客户之间的关系并非同样的概念。

让我们来看看跟这些关系相联的两个行为。其一,英语 **provide** the construction industry/法语 **offrir** au secteur de la construction(向建筑工业下单);其二,英语 **delivering** the products/法语 **proposer** les produits(提供产品)。当然,在语言上,我们还可以使用更为相近的词,用“fournir”代替“offrir”,用“livrer”代替“proposer”。不过,前后所体现的企业与客户之间的关系却有了很大变化。

“provide”和“delivering”体现了发出订单的委托人(客户)与提供所订产品的承接人(企业)之间的一种买卖关系。这意味着美国企业背景下一种非常积极的关系:利益一致的独立个体之间的一种契约关系。相反,这两个词在法语中的同义词“fournir”和“livrer”对法国人来说却意味着一种信誉可疑的逐利活动。用“offrir”和“proposer”则让关系显得更为公平,从而也更为有信誉。

当然,关键不在于企业提供产品,产品本来就是由企业给出的,其要义是为了赚钱,就像儒尔丹先生的父亲那样①。不过,用“offrir”、“proposer”这样的词也不完全是伪装、粉饰。人们订的并不是普通的商品,而是“最可靠、最创新、最经济的产品、系统和解决方案”。企业不限于仅仅提供产品,它是

① 见莫里哀《贵人迷》,第四幕第三场。

把产品作为一种标准来提供：它设计、生产出产品，使之可以服务于潜在的使用者。从某种程度上说，这真的像是一种“奉献”。“offrir”、“proposer”可以让人们的注意力不那么直接指向那不怎么高尚的阶段，也就是产品的最终销售阶段，而更多指向要高尚得多的阶段，产品设计的阶段。在产品设计的阶段，有着一种对艺术的热爱，一种无动机性质，这排除了把企业行为同化为奴性行为的一切可能。①

同时，在美国版《行为准则》中，企业似乎服从于客户的期待，而在法国版《行为准则》中，企业则是它与客户之间关系的最终决定者。

让我们在这一点上来比较一下：英语 **Being** a customer **driven** organization / 法语 **Orienter** notre organisation vers le client（让我们的企业走向客户）；英语 **Being measured** by our customer's satisfaction and loyalty / 法语 **Faire** du niveau de satisfaction de nos client et de leur fidélité **la mesure** de notre succès（把客户的满意度和忠诚度作为衡量我们成功的标准）。在美国版中，客户是原动力。企业是由客户意愿驱动（driven）的。企业价值观依存于客户看待、对待它的方式，客户的反应提供了用以“衡量”企业的尺度，企业必须认同这一点。在一个真心为他人工作、回应他人期待、通过合法竞争由市场来做判断的企业，这种看待事物的方式似乎是非常令人满意的。

然而按法国的观点，这样一种由客户牵着鼻子走，甚至是任其摆布的方式显得低三下四。与之相反，自主决定方向“走向”客户，采取占据主动的某

---

① 在法国，说到与客户的关系，通常有着一整套词汇，比如“嘱咐”、“诊断”、“接待”，等等，这些词把与客户的关系跟一种崇高性、一种非逐利性联系了起来。例如：一位法国工程师在美国从事销售，负责向工业客户销售钢材，他之前在法国担任同样的职位，他说：“在客户眼里，我们有着工厂代表的身份色彩，我们是将会解决他们所有问题的人。面对他们，我感觉自己有点像是一个普科医生：我听他们的讲述，他们向我说出实情，然后我给出一个诊断。要么我自己就能够解决他们的问题，要么我将他们转给专科医生，转给相关专业的同事。在美国，客户是非常务实的：结果最重要，而非达成结果的方式。可是在法国，人们非常在意过程的美感。这对我来说真的是一种文化冲突。”见《钢材》(*Aciers*)，第 38 期，1998 年 3 月。

种策略，仍然能与客户保持良好的关系，在这样的关系中，企业关心客户，为其考虑周到。同样，通过关注客户的感受，企业最后完全能决定“制定”一个标准来指引自己的行为。

关于企业与股东之间的关系，我们也可以看到两个版本《行为准则》的区别：英语 **Delivering** the value creation that our shareholders expect / 法语 **Répondre** aux attentes de création de valeur de nos actionnaires（满足股东对于增值的期待）。在美国版中，企业毋庸置疑地处于增值提供者的位置。而在法国版中，其所体现的关系的性质有所不同。那不如说是感知、“回应”一种要求，那也意味着比简简单单“提供”要多得多的行动余地和主动性。这样，两者进行对话牵涉到另一种关系，即增值实现过程引发的关系。不过，现实中，企业在很大程度上受制于股东，这个事实往往被掩盖了。

法国人在买卖方面的羞耻心在企业谈论自身时也表现出来。我们可以比较不同的两类说法：英语 With a leadership position in each of our **business** lines / 法语 Leaders sur chacun de nos **métiers**（我们每一业务领域的领军者）；英语 Developing other **businesses** / 法语 En nous développant dans d'autres **activités**（开展其他业务）。“business”一词让人联想到交易的一面，与它相反，“métiers”和“activités”则更多地让人把注意力放到行业的一面，含有能力、创造力的意味。比较英语 our **portfolio**（我们的投资）与法语 nos **activités**（我们的业务），也可以发现这种区别。“portfolio”有交易的涵义，而“activité”没有。①

---

① 我们在着重于行为过程的表达方式里看到法国人的一种否决意味，比如：英语 Our goal is to strengthen this leadership position by being the best, **through** our commitment to be: the preferred supplier of our customers ... / 法语 Notre objectif est de renforcer notre position de leader mondial en étant partout les meilleurs **et** de devenir: le fournisseur privilégié de nos client ...（我们的目标是巩固我们在世界上的领先地位，在世界各地都做到最好，成为客户［从而也是员工、相关机构以及股东］最为满意的供应商）。英语“through”传达出公司要与周边保持良好关系的态度。这些关系构成公司成功的一个手段。法语措辞则没有这样一种从属性质，用的是“et”，把两项目标并置。良好的关系是法国人本心力求的，是以排除利害因素的方式，并不是用来达成某种目的的一个简单手段。在法国，把建立良好关系当做获取财富的手段是不太受人待见的。

对从属于集体的法国式迟疑

法国版《行为准则》既体现了对买卖关系、对利益关系的迟疑，也体现了对从属于集体的迟疑。这种迟疑也表现在与总公司的关系上。分公司自己就像是焦点，而不是它本该归属的整体的一个元素。

比如我们可以比较：英语 Contributing to building a better world for our communities / 法语 Contribuer autour de nous à la construction d'un monde meilleur(为给我们建设一个更美好的世界作贡献)。英语中，公司是属于一个集体，是作为集体的一分子。这种从属性质意味着集体中的每个人都为建设一个更美好的世界付出努力。法语中，不再有从属性质。公司作为一个自主的角色出现，与其他角色并非必然相联，那些角色是围着它转的。

这种关于集体概念的理解的距离在另一处也有表现：英语 Acting as responsible **members of our communities** / 法语 Agir en tant que **citoyen** responsable(做有责任心的公民)。"citoyen"一词暗示有比较抽象的、从属于一个纯粹政治化大团体的意思，远没有"communauté"所体现的在一个紧密联系的群体内部的情感关系，以及伴随这些关系的社会压力。

我们还可以比较：英语 **Our responsibility is** about **complying with** local and international laws and standards . . . / 法语 **Nous nous engageons à respecter** les normes et réglementations locales et internationales . . . (我们保证遵守地方和国际法规……)。英语中，我们看到我们遵守法律的方式只是类似有事务必要汇报、报告("responsibility"一词的直接意义)。另外，"comply"①这个词也体现了一种被动的遵从，一种屈于外部压力的顺从。而法语用的是"s'engage"，更多说的是面对世界，我们完全主动行事，做与

① 根据韦氏词典，"comply"意为：依照某种请求、要求、命令、规则等行动。

法律相符的事。

我们刚才举的句子还可以这样表述：英语［Our responsibility is . . . ］as it is **aligning** our actions **with** our values / 法语［Nous nous engageons à . . . ］et à **traduire** nos valeurs dans nos actes(［我们保证……］在行动中履行我们的价值观)。"aligner ses actions"(调整行动)，即使是按照自己的价值观，在法国背景下听起来还是不怎么顺耳，隐含有跟在后面当尾巴的意思。"traduire en actes"(转化为行动)则更多强调自我表达的主动性，这里面包含着自由意志、表现力以及创造力。

在描述公司为员工利益考虑的行为时，我们也发现类似的差别：英语 We **are committed to** helping them / 法语 **Nous nous engageons** à les aider (我们保证帮助他们)。"committed"一词里，看得到屈从于某种外部意志的方面，这意志向你下达指令、规定任务。① 而法语中，"nous nous engageons"又一次表示做一个主动的决定，也就是说，面对世界，自己确定、确认将要走的方向。

人的弱点，宗教伦理，荣誉伦理

美国版《行为准则》说尽力、尽全力做好，而法国版只是说去做：英语 **Striving to** continuously improve(力争不断改善) / 法语 Amliorer continuellement(不断改善)。

用"strive"②含有尽管竭尽全力却不是一直在做想做的事的意味。这样一种意味放到一个宗教和道德的背景下可以得到充分解释，这在美国文化

---

① 根据韦氏词典，"commit"意为：给予使……负责或照看；交付给……保管；委托。"commit"包含着一个人或物的交出，以及另一方的负责或保管。因此，这个词牵涉到两个实体之间的关系，一个实体托付某个东西，另一个实体看到这个东西被托付。正如"We are committed"这个短语所表达的，行使责任的人，也就是看到责任被托付给自己的人，即使没有谁明确指定他。

② 根据韦氏词典，"strive"意为：付出巨大努力；艰难尝试。

中非常明显。[①] 可以看到，面对集体承认弱点，对应的是罪人面对新教派的信徒群体，这些新教派在国家起源中起过重要作用。圣保罗说："因为立志为善由得我，只是行出来由不得我。故此，我所愿意的善，我反不作；我所不愿意的恶，我倒去作。"[②]而在法国，更普遍的是一种世俗的荣誉观念，个人的弱点只和他自己有关，没有必要在集体面前承认，这一观念促使人做自己想成为的人。[③]

整个法国版《行为准则》字里行间隐含的伟大感觉有时也以特别直接的方式表现出来。英语说 **This leadership** position，法语说 **Notre** position de **leader mondial**（我们在世界领先的地位），美国的说法表示在某个活动领域的竞争中自己比竞争对手占优势。而法国版本，说明是"notre position"（我们的地位）而不仅仅说"position"（地位），并且补充"mondial"（世界的），这些在美国版里没有，进一步彰显了地位之高。

二、企业与它的员工

企业与它的员工之间的关系，与企业与世界的关系一样，也存在两种版本的比较。

美国版本，每一个员工个人作为"employee"（雇员），通过一种明确了其权利义务的契约关系与企业相连。在这个意义上，员工被看做是满足企业要求的一个提供者，正如企业满足客户要求一样。还有，全体员工被看成是构成了一个道德群体，拥有共同的价值观，令人想到"our people"（我们的

① 参见：Ernst Troeltsch (1911), *Protestantisme et Modernité*, Paris, Gallimard, 1991; Max Weber (1920), "Les sectes protestantes et l'esprit du capitalisme", in *L'Éthique protestante et l'Esprit du capitalisme*, Paris, Plon, 1964.

② 见《新约全书·罗马书》第七章，18－19。

③ 孟德斯鸠认为，荣誉的规律之一，是"当我们一旦获得某种地位的时候，我们不但不能无所作为，也不能使我们显得同这种地位格格不入"。见孟德斯鸠 1747 年著《论法的精神》，第一卷第四章第二节。（引文按商务印书馆 1961 年张雁深译本。——译注）

人)这样的表达。根据把员工与企业连在一起的契约,每个员工都应该履行职责,这些职责正是从集体所颂扬的价值观派生而来的。

法国版本,另一种关系模式在起作用。企业表现出的是一种准备给予员工当家做主的姿态,类似于企业面对它周围的世界所持有的态度。这种关系模式在管理学理论和当代社会学中都少有分析讨论。它涉及现代对于高贵效忠这一传统关系的一种重新阐释。在以前的法国,这一关系曾经具有与自由人状态并存的隶属形式的特征。这种关系形式拒绝纯粹逐利的行为,以至于像明确关系形式的契约那样明目张胆。它甚至拒绝结成团体。相反地,它承载着一种忠于企业、支持企业的普遍责任,这种责任同时又让每个人为自身着想来决定行为方式。这里所涉及的员工与企业的关系,与“雇员”或者“我们的人”表示的关系有着非常大的区别。“collaborateur”(合作者)一词,用在了法国版《行为准则》里,传达的是每个个体支持从而促成企业所投身的事业成功的观念。

责任关系,尤其是与企业制定的规定的关系

说到企业员工要履行的责任,美国版《行为准则》表达得直截了当,没什么弯弯绕绕。非常清楚,每个人都必须执行企业制定的规定。这些指令属于一种契约关系的范畴,它们自然应该得到遵守,就像契约中的每一条每一项规定的那样。从企业方面来说,它应该明确地向那些为它工作的人指出他们需要履行的责任。与美国版相反,法国版《行为准则》却是时刻注意方式方法。它呈现的是一种出于自愿的加入。在法国版里,职责的正当理由是让每个人感受到有着与自己在企业中占据的位置相连的责任,他希望自己是这些责任的唯一判定者。在这种状态下,企业能够做的是劝说、建议、提议、督促,企业很难企图强制员工做什么。

某些情况下,通过从坚定表达企业意志的用语向明显留出更多空间给

个人自由意愿的用语转化，使得职责概念得以弱化，比如：英语 **We want** all of our employees to be key players in the formulation of their own personal objective / 法语 **Nous attendons** de chaque collaborateur qu'il joue un rôle déterminant dans l'élaboration de ses propres objectifs（我们期待每个员工在他自我目标的确立中起决定作用）；英语 Every employee **is expected** to demonstrate commitment to these values / 法语 Chacun d'entre nous **est invité** à démonstrer son engagement à ces valeurs（希望我们每一个人为实现这些价值观而努力）。"Nous attendons"、"est invité" 与 "We want"、"is expected"这样的措词相比，显然没有那么咄咄逼人。

另外，在法国版《行为准则》里，企业规定需要被"接受"，而在美国版《行为准则》里我们看不到这一点，英语与法语的说法分别是：These rules should be known by everyone in our organization and implemented consistently（这些规定应该被我们公司里的每一个人了解和长期执行）/ Ces règles doivent être connues, acceptées et appliquées de façon cohérente（这些规定应该被了解、接受和严格执行）。当每一个人充分感受到自己是他应该遵守的规定的判定者时，如果他先前并没有接受企业颁布的规定，那么在执行规定时他至少会是犹豫的。

企业与员工之间就职责而言的保持距离，在讲到每个人应该懂得做的事情而非应该做的事情时也表现了出来。英语说 Managers are expected to . . . **delegate** authority（希望管理者……授权），法语说 Nous attendons de nos responsables . . . qu'ils **sachent déléguer**（我们期待我们的负责人……懂得授权）。英语说 We expect our people to **share** their experience and to seek those of others（我们希望我们的员工分享经验，并探求他人的经验），法语说 Nous attendons de nos collaborateurs qu'ils **sachent partager** leurs expériences et s'enrichir de celles des autres（我们期待我们的员工懂得分享经验，并借鉴他人的经验丰富自身）。"懂得"显示的是一种能力，在根据

不同情况从能力发展到行动的方式上留出了整个演绎空间，而并非一味的职责使然。

有时两种表达之间的区别特别明显。比如，英语 We want to promote an environment where individuals and teams **seek** to constructively challenge and be challenged（我们想推行一种个人和团队都力求建设性地发起挑战和被挑战的氛围）/法语 Nous voulons promouvoir un environnement au sein duquel chaque personne, chaque équipe **pourra** mettre en cause et **accepter** d'être remise en cause dans un esprit constructif（我们想推行一种每个人、每个团队都可以本着建设性的精神发起挑战并接受被挑战的氛围）。在美国版《行为准则》里，问题纯粹是每个人将要做的事情。而法国版《行为准则》，说到的只是"可以"做的事情，甚至是"可以……接受"做的事情、同意做的事情。所以，它们处在相反的职责背景中。

关于为了符合企业意志每个人身上所承受的压力的委婉说法，也可以在此举出，这种说法让企业意志是在哪些人身上执行显得不明了。英语 These rules should be known by everyone in our organization（这些规定应该让我们公司的每一个人了解）/法语 Ces règles doivent être connues au sein du groupe（这些规定应该让团队内部了解）。美国版中，每一个人被清楚地提到，不存在什么人无须遵守公司的命令。而法国版的措辞模糊，我们可以理解成这些规定只要大体上被了解就可以了，这就没有排除某些人对它们只有非常不确定的看法。

法国式的保持距离与美国式的精神集体世界

在美国版《行为准则》中，归属于一个精神集体被视做与经济利益一致同等重要。而在法国版中，这种集体观念并没有得到跟经济观念一样的看待。还有就是，每次美国版《行为准则》谈到个人融入精神集体，法国版总是弱半音。

我们可以看到，美国版《行为准则》里含有加入集体意思的词语在法国版里被没有这方面意思的词语替代。比如，英语说 The main process **involving** all levels of our organization is our Management Cycle（包括我们公司所有层面参与的主要过程是管理流程），法语说 Le cycle de management est le principal processus sur lequel **s'appuient** tous les niveaux de notre organisation（管理流程是我们公司所有层面依其建立的主要过程）；英语说 **Sharing** systems and tools（分享系统工具），法语说 **S'appuyer** sur des systèmes et des outils fiables（借助可靠的系统工具）。个体不是被拿来用在集体的运转中，不是集体超越了个体（involving，sharing），而是按个人意愿（s'appuyant sur），使用自己所拥有的行动方式。

总之，当谈到属于某种集体逻辑（帮助、分享）的关系时，法国版《行为准则》通过所关系到的人来指代，从而与这样的逻辑拉开了距离。比如，英语说 They help **their people**（他们帮助他们的员工），法语说 Ils aident **ceux**（他们帮助他们）；英语说 We want to share **our** vision（我们希望分享我们的想法），法语说 Nous voulons partager **cette** vision（我们希望分享这种想法）。法国版里，表示属于某个集体的主有词（their people、our vision）被避开了，出现的却是一些个体，没有特定的归属（ceux），分享的也不是集体的东西，而是与这样一个群体没有任何联系的东西（cette vision）。

另外，在美国版《行为准则》里，可以看到那些将每个人的深层情感、内心展现出来的词。而法国版《行为准则》，则用表示可从外部了解的行动方式的词来代替这些词，竭力把内心的东西隐藏起来。比如，英语说 concern for the group interests（关心集团利益），法语说 priorité donnée aux intérêts du groupe（集团利益优先，以集团利益为重）；英语说 good will（良好的愿望，热情），法语说 engagement personnel（个人的投入）；英语说 dedication（献身），法语说 ténacité（韧性）。可以看到，“关心”（concern）表示的是对某事、某物的一种超越性的情感，而“优先”(priorité)更多的是表示一种行动方式，以这种方式作为行动的主体。我们在这两类表述中同样看到了差别。

同样，美国版《行为准则》中的领导才能被表述为能影响每个人内在的一种能力，比如英语说 inspire(启发)，而法国版则更多涉及外围，比如法语说 fédérer(凝聚)。英语说 Leadership is the ability to mobilize people and inspire them(领导才能是调动和启发员工的能力)，法语说 Le leadership, c'est la capacité à mobiliser et à fédérer des équipes(领导才能是调动和凝聚团队的能力)。同样还有，英语“duty”(义务)一词，有着道德内涵，法国版《行为准则》用“responsabilités”(责任)替代了它，更少触及内在成分：英语说 One of the main duties(主要义务之一)，法语说 Une des principales responsabilités(主要责任之一)。

在美国版《行为准则》中，人自身的弱点被表达出来，这些弱点与集体全然相关，集体理当予以考虑，而法国版《行为准则》是把视线从人转向了客观形势。比如，英语 They [managers] help their people deal with potential performance issues early on(他们[管理者]帮助员工处理初期可能遇到的问题)，法语 Ils [nos responables] aident ceux qui font face à des difficultés(他们[我们的负责人]帮助他们面对困难)；英语 Willing to ask for help when they need it(他们需要时乐意寻求帮助)，法语 Demander de l'aide quand c'est nécessaire(需要时要求帮助)。法国版涉及的不再是能力成问题(performance issues)的人的不足，而是人所面对世界之严酷，是他所遇到的“困难”(difficultés)。同样，其说的不再是需要帮助的人(they need)，而是要我们介入其中的客观形势(quand c'est nécessaire)。

当人的弱点被提及时，我们发现集体的逻辑一出现人的个性就被取消了，比如，英语 To compensate **our** weaknesses and shortcomings(弥补我们的弱点和短处)，法语 Compenser **les** faiblesses et **les** lacunes(弥补弱点和短处)。法国版说的不再是“我们的弱点”(our weaknesses)，“我们的弱点”把弱点公开了，归结到某个主体身上，主体公开承认自身的局限，法国版只是说“弱点”(les faiblesses)，也就排除了跟某些特定的人的联系。

同样还有，当企业作为实体出现时，美国版《行为准则》里企业员工在尚不确定结果的情况下仍力求做到最佳的表述没有了，取而代之的是法国版着眼于随着事情的进程我们真正实现的东西。比如，英语 Focus their energy on ... **drive for** results(集中他们的力量……达成结果)，法语 Concentrer son énergie sur ... l'**obtention** de résultats(集中他的力量……获得结果)，不管怎么困难(“drive”在这里含用力、推动之意)要付出努力之说，在一个道德背景下才具有充分的意义，在这个背景下，尽力做到最佳是有价值的，然而，这个说法在荣誉的背景占优势的时候却并不适合。

高贵效忠

法国版《行为准则》表述的人与企业相结合的形式属于一种所谓高贵效忠的形式，自由骄傲地效忠。

美国版《行为准则》里提到一种“使命”存在的时候，更常见的是说使命的实际履行，比如，英语说 Focus their energy on implementation(集中力量在执行上)，法语说 Concentrer son énergie sur l'exécution de sa mission(集中力量在履行使命上)。两者语境不同。美国版里，每一项基本的活动和与人在企业所占据的位置相关的一种总的“使命”联系起来时才具有完整的意义，注意力是在使命上，而不是法国背景下在我们要去看的东西上，比如一大堆的操作细节。人只有在忠于他的使命时，享有很大的行动自由，操作细节把自由运用好才是正常的。不过我们并不能把法国人对工作的投入看做是不如美国人，在法国却具有另外一种特点。

来看一下两种说明每个人为企业业绩提高所起的作用的表述：英语说 **Resulting from the actions** of all(结果来自所有人的行动)，法语说

Compter sur tous(依靠所有人)。这一次,是法国版《行为准则》呈现了企业与员工之间的关系,而美国版只是讲到集合有效行动的一个具体过程(Resulting from the actions)。企业可以"依靠"(compter sur)它的员工。当企业陷入竞争时,员工将与企业在一起。

从另一表述中我们也可以看到这种关系:英语说 We want to involve all of our people in our ambition and strategies so they can ... **support the** accelerating **need** for change **that our businesses require**(我们希望所有员工了解我们的雄心和策略,这样他们可以……支持我们的业务所需要的不断增长的变化要求),法语说 Nous voulons impliquer l'ensemble de nos collaborateurs dans nos ambitions et strategies afin de ... **nous assurer de leur soutien face** aux changements permanents **qui s'imposent à nous**(我们希望全体员工了解我们的雄心和策略,以期……在面对不断出现的变化时获得他们的支持)。在美国版《行为准则》里,期待的是员工做应对形势需要必须做的事情(the ... need ... that our businesses require)。员工与企业之间的关系完全是在经营管理上面:大家以有效的方式一起行动。而在法国版《行为准则》里,企业陷入了竞争(企业要"面对"它应该应付的变化)。于是这就让企业要"获得"员工的"支持",就好像以前出发去打仗的君主要获得臣下的支持一样。企业期待员工的支持,如果员工有意愿,企业也更应该请求获得他们的支持。

还可以举个例子:英语说 All of our employees are expected to **perform at their full potential**(希望我们所有的雇员发挥他们的全部潜能),法语说 Nous attendons de nos collaborateurs qu'ils **donnent le meilleur d'eux-mêmes**(我们期待我们的合作者给出最好的自己)。美国版说的只是处在一个关乎效率的背景下每个人要做的事情:"发挥"(perform)。而法国版涉及的是"给出"(donner),这意味的是关系层面,不仅仅是给出什么东西,而是给出自己、把自己表现出来。这里,法国版里用到的"collaborateur"(合作者）一词，也传达了每个人为使企业的事业成功给予支持的概念。这种与企业的关系跟“employees”（雇员）或“our people”（我们的人）所表现的关系有着非常大的差别。

法国版的这种表述方式还包含着一种与美国版不同的道德要求。英语说 **outperforming** themselves（超越自己），法语说 **se dépasser** pour réussir（超越以求成功）。法国版说的不仅仅是得到的结果（outperforming），而是采取的措施，是人要做的改变（se dépasser）。

上面说到的支持有着一种相互性。君主要臣下支持他的同时，臣下也要君主的支持。英语说 Giving our people ... the support they need to be successful（给予我们的人……他们达到成功所需要的支持），法语说 Les assurer [chacun de nos collaborateurs] du soutien de l'ensemble de l'organisation（确保[我们的每一个合作者]得到整个公司的支持）。美国版说的是每个人在工作上取得成功（be successful）以及企业的付出，企业负责给予每个人取得这种成功所需要借助的工具（反过来，这种成功也会对企业有利）。人与企业的利益是一致的。而法国版《行为准则》则处于另一背景之下。支持不仅仅关系到需要它用来达到成功，而更多是从整体上关系到人。对提供这种支持的实体的确认（l'ensemble de l'organisation），在美国版里是看不到的，但这强调了支持背后的关系概念。另外，指出企业不仅仅是默默地提供支持，而是面向每一个人，向每一个人保证他可以依靠的支持，这也强调了支持背后的关系概念。

虽然没有提到美国式的精神集体，但是法国版《行为准则》讲到了融入企业，这无论从哪个角度来说都是相当根本的事，比如，英语说 The higher the responsibility, the greater the **commitment** to our values must be（责任越大，我们必须承担的价值观就越多），法语说 Plus **nos managers** exercent des responsabilités élevées, plus ils doivent **incarner** les valeurs du groupe（我们的管理人员履行的责任越大，他们就越应当代表集团的价值观）。在美

国版里,集团的价值观是在每个人之外的,每个人尊重“commitment”(承担)一词所表达的意义。然而在法国版里,价值观形成了一种精神,它要求被“代表”,这意味着对于企业的认可,同时还有当把这种精神转化成具体行动方式的时候对于留给每个人自主地位的认可。另外,需要给予的投入在美国版里对每个人来说都是应该的,而在法国版里这是归管理人员做的事。① 法国语境下这样一种投入牵涉的意义取决于人所处的位置。这是一个忠诚问题,要求对行使权力的人忠诚是很正常的。然而,因为可能导致一种奴性的服从,对于依赖这种权力的人来说反而带来问题。

关于这种与企业的关系,与人们一般认为的相反,法国版《行为准则》显得比美国版要求更高:英语说 **We expect** all of our people to practice “the Lafarge Way” in their daily action(我们希望我们所有人在日常行动中实践“拉法基道路”),法语说 **Nous voulons** que chacun mette en pratique le “Lafarge Way” dans ses actions quotidiennes(我们希望每个人把“拉法基道路”放到他日常的行动中去实践)。在法国版里,“拉法基道路”形成了一面旗帜(强调具体层面的意思没有表达出来)。因为涉及的不是什么明确的东西,而是一种精神,并非在契约条款规定下行事的那种感觉,所以美国版《行为准则》不是要求而只是希望。然而,因为说的是分享一种精神,要每个人对企业表示效忠,法国版《行为准则》可能要求更高。

---

① 行为准则的拟订者之一多米尼克·赫斯特兰特(Dominique Hoestlandt)对于这样的表述给出了如下解释:“法语力求更为明确。这是曾经发生过的法语语言之争(我证明)的结果。问题是要知道这些行为准则用于哪些人。每一个人都应该相信它们,维护它们,遵循它们?或者仅仅是去了解,来看看它们在集团中是否得到了遵守?在法国要求每一个人去维护和遵循这样的行为准则恐怕是不合适的。这是不尊重每一个人的自由。但是得认识到,公布行为准则,并且首先让上层遵守,事情变得可以接受,甚至是值得重视了……因为每一个人都知道领导在做些什么了。于是出现了意料之外的级别上的人性化。可是选择什么词来称呼上层呢?‘领导’、‘经理’,还是‘老板’?都不好听。那叫‘负责人’吧?这词太宽泛,或者说太模棱两可了:不是也说过每一个人都是负责人吗?于是只好在矛盾中选择‘管理人员’这么个含糊的词,也是由于含糊的缘故,这个词提得也少。放在英语中则让人难以理解:为什么只有管理层才应该遵守这些行为准则?”

三、相互可能造成的影响

分别处在美国与法国两种文化背景下，却由相似内容构成不同版本，我们可以想象美国版《行为准则》与法国版《行为准则》在多大程度上相互影响。我们能在法国版《行为准则》里觉察出美国版的影响，能在美国版《行为准则》里觉察出法国版的影响吗？我们能在美国版里发现法国版的痕迹，在法国版里发现美国版的痕迹吗？我们面对的是一种妥协的准则吗？要完全回答这些问题，恐怕该将《行为准则》对照那些生发自单一文化的文字。不过不进行这样的比较，我们也可以给出一些答案。

无论如何，是有一种负面影响的，因为要在文字上做处理，以避免太明显的美国化或法国化表达。如果呈现的单纯是美国社会的生活方式或法国社会的生活方式，那只能要求稍微往相对中立的表达挪动一下。

因此，在法国版《行为准则》里，看不到在那些有着更纯粹法国基础的企业章程里可以看到的那样鲜明的关于法国社会生活观的表述。例如，在一份名为《集团价值观》(*Les Valeurs du groupe*)的文件中，苏伊士里昂水务集团(Suez Lyonnaise des eaux utilise)使用了非常直接地指出职位要求的语言：Notre place et notre ambition de leader mondial . . . nous obligent à ne pas être seulement des bons professionnels, mais les meilleurs(我们作为世界领先者的地位和雄心让我们不仅仅要做好的专业人士，而且要做最好的)；或者还有 Un engagement que nous prenons vis-à-vis de nos clients et nos actionnaires et, surtout, vis-à-vis de nous-mêmes(我们要跟客户和股东面对面，特别是要跟我们自己面对面)。“我们作为世界领先者的地位和雄心”关注的是地位问题，诚然就是责任的最大理由，而非去考虑怎么回应客户的期待。同样，对于“客户”或“股东”的责任也不是多大的理由，比不上去考虑怎样符合自己所处的位置(“跟我们自己面对面”)。我们不禁想到孟德斯鸠的话:“在这里,人们向我们展示的品德,往往在于自我应尽的义务,而对于他人应尽的义务却少于前者。这些品德,与其说是召唤我们去接近自己的同伴,还不如说是使我们有别于自己的同胞。”①我们不知道这样的说法在美国语境下怎么可能被接受。

同样,在美国版《行为准则》里,也看不到像那些更纯粹的美国企业所具有的那样鲜明的美国社会生活观。例如,英国石油公司与美国石油公司合并后,在《英国石油公司商业策略》(*BP's Business Policies*)里我们看到这样一种观点的精彩表述:A good business should be both competitively successful and a force for good(好的生意应该既在竞争中成功,又成为一种向善的力量)。经济上成功(“在竞争中成功”)与道德上追求(“向善的力量”)的内在联系在美国语境中是如此自然,但在法国语境中却可能很难以同样直截了当的方式表达出来。②

不管怎样,美国和法国两个版本的《行为准则》中不管哪一个,都讲到了在文化背景下人或企业谁占主导的概念,也正是在文化的背景之下,此概念才得到充分的认识。

---

① 见孟德斯鸠1747年著《论法的精神》,第一卷第四章第二节。(引文按商务印书馆1961年张雁深译本。——译注)

② 此外还不能排除另一种相互影响。在每个版本的行为准则中,似乎都有一些稍显极端的表达,这些表达不是说多么冒犯,而只是与文化背景有点不协调,总归还是牵涉到运用它们的情况。来举个例子,英语 Being the preferred supplier for our customers means: best understanding the needs and businesses of our different types of consumers(做我们客户青睐的供应商意味着:充分理解我们不同类型消费者的需求和活动),“understanding”(理解)一词用在美国显然非常自然,比如说“memorandum of understanding”(理解备忘),但是到另一个背景下,意思是“使每个人的权利一致”。供应商要做的,更多的是去尽力理解客户的需要而非一味满足客户要求,这种精神似乎源自法国,即使它出口到了国外。同样,在英语 our mission is to provide the construction industry with products, systems, and solutions ...(我们的任务是向建筑工业提供产品、系统以及解决方案……),“solutions”(解决方案)一词似乎也很法国。反过来,对于诸如“nous sommes convaincus que ce sont les résultats qui comptent”(我们相信结果最重要)这样的表达,我们也可以发出类似的疑问。几个原因让这样的表达在法国背景下可以被接受:美国版是说 we are convinced that accountability is ultimately about delivering results(我们相信最终是结果责任制),与它相反,法国版不谈责任制(accountability);另外,相较于结果决定一切的愿望和努力(“我们承认个人努力与付出的价值,但是……”),没努力而成功比努力而没成功更棒。不过,使用“résultat”(结果)一词还是透出了一点美国味道。

结　语

美国版与法国版《行为准则》之间的区别，对从试图体现地球上某个地方某种价值观开始的各个过程给予了很好的展现。

一旦不只满足于提到一些价值观，只停留在一个高度抽象的层面，而是为了让这些价值观能对行动有启发去考虑价值观的形成方式，那就还要去考虑所牵涉到的因素（这里指企业、客户、股东、员工）彼此之间的关系。而这样的关系概念属于人或企业占主导的总的文化观。比如，在美国，与企业的商业形象相吻合的是一种集体形象。而这两种形象在法国得到的却是相当隐晦的表现，在那里一种纯粹逐利的行为方式显得很不高尚，而且任何对于集体的归属容易被看做是拉帮结伙。相反，着眼于人在企业所处的位置，意味着最终主动决定服从一大堆的职责，而不是什么强迫你这样做。

《行为准则》的拟订者在寻找不同背景下听起来好听或者至少是可以接受的表达时，不能忘记自己也是带着关于人和企业的想法的。他们按他们自己的标准判断所面对的表达。他们的选择过程最后也就是要留住与这些想法相符合的表述，让想法在字里行间不断显现出来。[①] 并不是说他们按部就班地就能得到不同的表达。有些表达在拟订者看来能够适合两个版本的《行为准则》，只要语言上直接翻译就可以了，例如，英语 Our objective is to grow at a double-digit annual rate over time（我们的目标是长期按两位数的年增长率增长），法语就是 Notre objectif est de maintenir sur la durée en taux de croissance annuel à deux chiffres（我们的目标是长期保持两位数的年增长率），不过再严格一点说，法国版“maintenir”（保持）这个词还有一种维持地

① 符合性让这些表述在行为准则拟订时、在两个版本的来回比较中、在不断的修改明确中没有被删除，这些过程最后形成了行为准则的最终版本。热纳维埃夫·特雷盖-费尔当（Geneviève Tréguer-Felten）的论文（参见前文注释）从文本拟订过程的比较出发，对这一点做了探讨。

位的概念，这在美国版没有。这些关于企业的表达足够中性，从而在两个意义世界里都可以被接受。但是，中性并不是普遍情况，在好多页里，我们都看到美国版与法国版《行为准则》之间还有很多的区别，而这些区别自然就跟两种社会生活观有关。

这种文化影响贯穿在实践想要推行的价值观的过程中。接下来我们要去看看在中国和约旦的情况。跟在法国和美国一样，企业所参照的价值观不可能停留在单一状态。我们可以看到一个企业不可撼动的共同的工作、生活观念。但是我们将发现，没有必要为给一个企业内部带来彻底变化而去改变一种文化。在譬如企业这样一个社会生活范畴内，推行通常不大得到实践的价值观（即使当地文化并不否认这些价值观），将其置于一个在文化中具有意义的形式下，有可能会对现实存在带来巨大的改变。

第二章 中国：人情关系与官僚主义*

拉法基集团在中国设有多家水泥生产企业，在分析这里面的中国员工对拉法基管理模式的接受程度时（见栏一），我们遇到了西方在华企业普遍面临的一个问题。所有这些企业似乎都面临艰难的选择：是应该入乡随俗，顺应"中国"管理模式？还是应该（是否能够）推行符合母公司方向的管理模式？抑或应该在中国与"西方"（这个用词其实相当含糊）实践方式之间寻求平衡点，来重新定义？这些选择其实核心涉及到权力的行使问题。有可能利用民主价值观，建立权力相互制约、规定面前人人平等的一种管理模式吗？这种模式在中国是否行得通？

为了回答这些问题，我们首先从权力的行使开始探讨，由东西方对权力行使的理念入手，再试图认识中国管理模式在意见不合时的态度，然后理解一家企业价值观的形成和体现方式，最终联系中国典籍中的思想，以加深对这些问题的认识。①

---

* 本章第一版发表在《管理和理解》(*Gérer et Comprendre*)，2009 年 6 月。

① 子公司在管理中碰到的一部分问题，以及其在新并购的工厂中碰到的问题，完全没有中国特色。总体而言，这些问题和国企在社会主义经济环境下的运行模式有关。东欧企业也有同样的特征。在我们进行调研时期，贝特朗・科隆是集团总裁，他谈起了拉法基来到中国的情景："外国公司的第一个任务是建立对工作和能力的要求，当时工厂人员过剩，有二十多个等级，养成了迟钝的习惯。把'休息床'搬出办公室是'整肃纪律'行动的象征之一。"见 Bertrand Collomb, "Entreprise internationale et diversités culturelles"，载《黄与红》(*La Jaune et la Rouge*)，2007 年 4 月。本书不涉及过渡时期的管理。

栏一

一 项 调 查

拉法基中国水泥分支由多家企业组成,历史各自不同。我们的调查在2007年进行,涉及其中三家。一家叫拉法基中国,位于北京郊区,以前是中国国企,1994年被拉法基收购。这是拉法基集团在中国的初次征战,并不容易,经历漫长过程之后,在技术运行模式和管理方面,实现了深刻的转变。第二家位于四川都江堰,由集团创建,仿照最发达国家工厂样式而建。第三家总部在重庆,周边有两家工厂(南山和广安),是集团最新收购的企业。第三家企业的"拉法基化"明显不如前两家,在我们进行调查时,员工对其管理依旧有明显的保留;集团管理突出了当事人称之为"中国"方法的优势。

拉法基中国水泥分支的员工几乎全是中国人。我们进行调研的时候,总经理是法国人,但三个商业部的负责人都是中国人,几乎所有占据负责职位的都是中国人。

我们进行了46场访谈,涉及各级员工,大部分访谈都是用中文,由段明明翻译为法语,数十场访谈是用英语或法语。

一、中国的权力观

在我们的观察中,中国许多方面似乎都印证了一个观点:民主观念难以渗透到中国企业内部。不过,我们观察到的另一些方面,却并不支持这种观点。因此,我们试图探究中国企业领导者与被领导者之间的关系,特别是被领导者公开表达不同见解时,会承受怎样的风险。

难以反对上级

我们在比较中国、法国和美国三地如何理解企业内部《行为准则》时发现，中国人的理解是个人需服从上级。比如：法国人认为，企业内各部门的主要职责是鼓励其下属部门创造更大价值；美国人则认为，各部门职责在于给其下属部门提供挑战机会，促使后者创造更大价值；而中国人认为，各部门的职责就是给其下属部门分配任务，指定具体项目。

因此，我们可以看到，法国模式中管理的最高境界是“鼓励”，美国是“挑战”，两者虽有差异，但都给下属提供较大的发挥空间；而中国模式则是“指定项目”，规定下属的工作。

中国这种管理模式对于参与者似乎十分必要，因为每个人都清楚自己的职责，知道“我们要去哪”，清楚“目标”和“方向”。管理者认为：“如果企业没有一个良好的长期规划，具体执行者就会摸不着头脑。”执行者也认同这种观点：“有了目标，我们才知道要朝什么方向前进，可以把企业目标与个人目标统一起来，企业目标对个人来说，就是风向标。”

这种观念让人觉得，个人应当服从企业指定的方向，“因为我们身在这个企业，应当理解并接受企业文化”。因此，接受上级下派的指令似乎成为第一要务。

此外，这种管理模式的另一个主要特点是，公开反对上级似乎难以想象。一名工人在被问及与上级意见不合该怎么做时回答：“我们当然会质疑，不过上面的指令，我们不能反对。”确实，在拉法基的中国企业里，“拉法基文化”原则上有一些积极作用。比如，一名工人证实：“下级可以直接反对上级，这是拉法基与国有企业的不同之处。”不过，这些工人同时坦言，制度上的进步在执行层面实际意义不大。一名工人在回答是否能质询上级时说：“可以。”但回答是否有人提出质询时，他笑着说：“我从来没见过。”一名人力资源部门经理说：“如果某人有不同意见，可以向上级或人力资源部门反映，之后再逐级上报。”不过，他也坦言，至今没听说过有人向上级提出不同意见。在操作车间，一名负责生产的主管说：“我们有途径逐级向上反映（不同见解），但那非常少见。”被问及如果领导违反企业《行为准则》，员工是否能“依法”问责领导时，这名车间主管急忙回答：“不，不，不，那不能。”

不过，“拉法基文化”在这家企业并非毫无效果。一名部门经理说，她刚进拉法基时，总经理向她介绍企业文化，当时她难以理解。因为在传统理念中，上级说了话，下级不能有意见，而在拉法基，这种“权威”思想较为淡薄。从那以后，她渐渐明白，拒绝某件事情虽不能结束争论，但可以让人对这件事情的思考更加深刻。于是，她学会了，对待一件事情应持怀疑态度，自己独立思考，而非盲从上级。

另外，在中国管理模式中，上级的权威往往来自严苛的惩罚措施。以安全生产为例，不少拉法基员工，特别是一些新进员工对企业非惩罚性安全规范表示怀疑。生产部门一名主管说：“我们起初采取劝说方法，确保安全生产，但效果不佳，之后又回到惩罚为主的模式。”

从上述这些事例中，我们不难得出结论：尽管中国企业在物质现代化方面进展很快，但在权力运行方面的理解仍较为落后。这让我们想起两百多年前孟德斯鸠的一句话：“中国是一个以恐怖为原则的专制主义的国家。”①

领导也有义务

上述观点似乎证明，中国企业在权力运行方面仍保持东方式专制的特点。不过，另外一些事例则又不支持这种看法：中国企业与其他地方的企业一样，领导有权力，但也有义务，同样受到约束。

对于中国企业员工来说，反对上级意见似乎较难，但他们可以向上级表达自己的意愿，比如升职。拉法基公司一名年轻的女经理就曾经向上级表达自己想承担更重要责任的意愿，并且成功升职（见栏二）。确实，如果一名下级想让领导知道自己希望追求更高的职位，使用“我想做更困难的工作”、

① 见《论法的精神》，第一卷第八章第二十一节。（引文按商务印书馆 1961 年张雁深译本。——译注）

“我想承担更多的责任”、“我想做得更多”之类的表述，领导一定能听出话中之意。另外，领导也会更关注这名下级。一名在基层岗位工作的员工说：“每年的年终考核表都会询问我们来年的打算，人人都想操作锅炉嘛，我就写‘希望操作锅炉’。不过，我同时也参加了一些培训，让经理对我的能力有些认识，看我是不是有进步，能不能操作锅炉。”这就是一种双向过程，如果一名员工表达出升职的意愿，而他的上级也认可他的能力，那么升职的机会就会大大增加。

栏二

让领导知道我们的愿望

“如果我工作中几乎不犯错，领导们会觉得我能力不仅仅局限于此，因此会交付给我更重要的工作。慢慢地，我就开始接手其他任务。当然，我也让领导们知道，我已准备好承担更多责任、做更复杂的工作，我的前任主管显然了解我的心思。我从那位主管手下调到现任主管手下时，他们俩可能聊过我，因此，我刚调去，新主管就过来考察我。当然，直接说我想要这个职位，想要那个职位，似乎非常冒失。对中国人来说，我们习惯含蓄的表达方式：我只是想承担更多责任；我很年轻，充满活力，想做更多的工作。以这种方式，领导们就会知道我有升职的想法。”（人力监管）

另外，一名领导如果想动员他的下属努力工作，或者仅仅是希望下属们不要离开企业，他应当理解下属的一些诉求。

比如，在中国企业的《行为准则》中，全是企业对员工所提的希望和要求。而员工则几乎没法对他的上司提要求，也没机会反驳他的上司。因此，领导抱着改进工作的态度，多做自我批评，就会让员工很受用。一名人力资源部门经理说：“我曾和我一名下属聊过，总结自己的工作，告诉他我在培训方面做得还不够，今年要做得更好些。”

领导同时不能满足于高高在上，还得身先士卒，与员工同甘共苦。不少部门经理都说："如果你光说不练，那不是拉法基的作风。"一名财务部门经理说："如果我不加班，就不能要求其他人加班。"另一名人力资源部门经理说："如果主管不身先士卒，其他人怎么会努力。"

对于大多数人来说，身先士卒就是与员工享受同样的条件。一名生产部门经理在被问及"什么叫为员工树立榜样"时，指着自己脏兮兮的工作制服说："看见了吗，这就是。"不少员工提及这名经理时都说，他愿意与工人一起工作，捡脏活累活干，包括拧螺丝钉这类的工作。"这是向他们传递一个信息，我跟他们在一起，"这名经理说，"生产流水线上的工作相当枯燥乏味，如果我跟他们一起工作，就能最大程度调动他们的积极性，取得更出色的工作业绩。"

避张扬免冲突

在中国企业里，无论是领导还是普通员工，都不会自我张扬、过分自我肯定，尽量避免与他人或企业发生冲突。

比如，在企业《行为准则》里，我们经常能看到一条——以建设性姿态，提出或接受不同意见。在这里，个人与企业、"提出者"与"接纳者"之间的关系，相较于美国式的"挑战"①关系，显得缓和不少。一名人力资源部门经理说："在中国文化里，其中重要一点就是避免冲突。"另一名生产部门经理说："一旦做出决定，我们就避免再进行争论，所有人都应当同意。如果争论，那应该在决定之前。"

我们在进行调查时，也见识到这种微妙的关系。我们的翻译一边翻我们准备的问题，一边面露难色。他告诉我们，某些问题可能会让受访者尴尬，因此他在翻译时做了模糊处理。我们准备的问卷中，其中一个问题涉及一名经理对保安向他打招呼置之不理，就此寻求大家的看法。一名受访的

---

① 韦氏词典收录的"挑战"词义：1. 提出挑战（对人）；2. 质疑，反对；3. 激励等。

女经理回答："我只说该说的，不评论别人的事。"

总的来说，中国企业里不喜欢过分张扬的人。一名管理人员在提及为追求更好的待遇而选择跳槽的人时说："一个人走了之后，我们就不去讨论他。这是一个相当忌讳的话题，只能私下谈。如果我们关系还不错，我会告诉你我要走了。你要问我'是不是找到更好的职位，工资是不是更高'，我会告诉你'不是'，也不过多解释。"我们的翻译补充说，不能说"我离开是因为我有更好的工作，我比你更强"，这会让其他人挂不住面子，只能说"我有些困难，我没法坚持了，我能力不行"。另外，太显摆也有风险。"如果你走了，但没成功，那会很丢人，"翻译说。

等级关系，总体上是真实存在的，一旦自我表现过于张扬而危害到上下级关系，等级关系的意义就会显现。我们可以回到前面提到的情况（见栏二）。"直接说我想要这个职位，想到那个职位，似乎非常冒失。"在西方背景下，我们希望每个人明确表达自己的愿望，而在这里，策略被看做是有必要的："让人意识到"胜过"明确表达"，应该通过"做更多的工作"、"做得更多"来暗示，而非一马当先，张扬外露。这种克制，以及一般来说对于领导权威不公开争论的做法，要放到和谐、融洽层面去理解，而不要理解成屈服，乃至心甘情愿的顺从，就像西方观点倾向武断接受的那样。

中国人的这种含蓄表达方式，不仅仅体现在下属身上，领导说话同样较为含蓄。一名人力资源部门经理说："在中国文化里，下属应当绝对服从上级要求。领导有时不需要说破，只是点到为止，下属就能明白。"

这种策略也表现在一些表面顺从的情况。一名经理就告诉过我她是怎样处理一个棘手问题的。她给当地主管部门写信，在信件结尾写了句客套话，表示请求主管部门的帮助，因为实在不可能不与某个重要规章制度冲突而另有解决方案。可是她的上司，长居国外，按字面意思理解那句客套话，拒绝认可她所表露出来的顺从态度。就这个当事人来说，无论是对当地主管部门还是对她的上司，对任何一方不表示尊重都难以想象。她最后的解决办法是在实际送出的中文信件里保留那句有争议的客套话，而在交给上司过目的英文信件里删除那句话。这样，相关各方达成了一致。

另外，在自我评价和自我完善的同时，也可以评价他人，因为我们并不总是身处面对他人需要自我认同的境况。一名经理人说："中国人有句话，度己度人，度人即度己。"注意的焦点于是从评价者与被评价者之间的关系，转到了为求完善所需处理的情况和采取的行动上。两者之间有时也能达到平衡。比如，前面讲到我们在向一名女经理提问时得到了负面回应，这里面就包含着对企业行为方式的一种评价，这事其实还有后文，而且完全是另一种状况。调查的第二天，我们收到了来自那名经理的感谢信，她对我们的会面表示了感谢，而这个"反馈"、这种调查提问引发的效果，并不在我们计划范围之内。

接着谈需要请教、需要聆听建议、下属不得逾越和违抗的领导权威。我们应该避免在对立冲突的观点上冒险。"请教"(consulter)这种方式就非常谨慎。我们的翻译指出，这个词可以用来翻译只是希望了解受访者所想而非进行任何交流之意的中国词汇。

二、公正而富有关爱的秩序

虽然外国集团的影响不能彻底改革那些界定权力关系意义的标准，但是丰富多样的执权方式和这些标准是相容的。虽然人们认为掌权者对其领导对象具有义务，但是无论在中国还是在别国，领导对象完全没必要保持忠诚。也许各地都有大量不同的实践经验。在中国，对在某种意义上符合集团自身关爱下属的价值观的实践经验进行吸收，可能正是拉法基的影响所在。这种转变是等级报告风格的标志；企业和领导关心员工的方式也发生转变，而且方式更为激进。在很多方面，我们的调查对象，对比之前在其他企业或者国企(现已并入集团的国企)的经历，都有彻底改变。

咨询和示范

在集团影响下，等级关系在日常生活的方方面面都有了改变，甚至包括操作工人在内。人们采取了一些措施，以给下属发言机会。

一位人力经理说："原来我们不会咨询员工的意见，现在职务变动时，则会征求当事人的意见。"一位操作者的经历证明谈话并非官方性质："需要的岗位会公布；如果我有兴趣，我会写求职信；我们经过考试、面试，和公司外部的求职者一样（笑）。"而调查对象（尤其是讲英语者①）也指出上下级会使用对话沟通来确定目标。

与此同时，建议体系也得以发展。一位操作人员宣称："是的，有传递信息的通道，通达顶头上司和最高层；我们会为此受到评判，我们有附加分，总共5%；如果有五项提议被接受，我们就得满分。"一位生产经理说："为收集建议，我们会开会；我们认为有益的提议，会得到奖励，首先要在下面讨论。"但他也同时微笑着补充道："我们并不只是提建议而已。"

而上级示范的榜样方式也在发生改变。一位操作人员举了个例子："负责人参加了一个活动，非常脏。他和工人一起工作，非常辛苦。这说明以身作则的原则得到遵守，以前领导只是下命令而已（笑）。"

近乎无序世界的出路

企业和领导开始关心员工命运，转变的中心和这一事实有关。我们通

---

① 用英语表达者和用中文表达者的话语内容有细微差别，我们可以分析其渊源。用英语表达者受西方标准的影响更为深刻，这也许是原因之一；此外，用英语表达促使人们采用企业官方用语，而用中文则与其拉开距离，这也是原因所在，而且与第一个原因并不矛盾。见 A. W. Harzing，"The Interaction between Language and Culture: a Test of the Cultural Accomodation Hypothesis in Seven Countries"，载《语言和跨文化交流》（*Language and Intercultural Communication*）卷 2：2，p. 120－139。

过员工谈话发现，无论是国企还是私企，短期利益至上，利益网举足轻重，它们不甚关心员工，尤其不关心员工培训和员工前途，这似乎是一般中国企业的标志。这和拉法基集团带来的运行模式形成了鲜明对比。

“在国企，能力并不重要；重要的是和上级的关系或者重要人物的关系……在我原来的部门，关系比真正的能力重要，”一位经理说。谈及中国企业的常见管理模式，相比对企业的贡献，我们的调查对象大大强调了和掌权者维持关系的重要性：“以前，在国企中，有用的是人际关系，而不是能力，只有少数人得利。”(操作人员)责任分配不清，工效评测不甚严格，更助长了这种运行模式。“以前，对岗位没有表述，我们甚至不知道岗位的要求，我们也不知道自己是否有能力，提升方式也很专制。”(监管)“在私企中，没有考核体系，无法真正客观地进行评估。”(监管)

这种环境几乎没有规则，人人为己至上。“以前，国企中的人际关系非常复杂；我们只追求个人利益；不太关心别人。”(监管)“在国企中，为了领导的个人目的，人们有时不惜在数字上造假。”(操作者)“私企只追求成效；有时使用的手段，我们很不屑；在道德上无法接受。”(操作者)

从徇私情到规则面前人人平等

与中国企业界不同，拉法基集团看起来秩序井然，集团有清晰的规章制度，并得以遵守。集体实施严格的措施以此确保客观性，这和徇私情的关系模式冲突不断。“任何事情的程序都十分清楚和完备……在拉法基，能力决定薪酬……我们非常赞赏，”(经理)“在这里，一切都真实可靠，所有数字都很好地代表了现实。”(操作者)“每个人对达到目标的具体措施都很清楚；各司其职。”

侧重能力引发了压力，而压力在国企中很不常见，但总体而言，人们似乎很好地接受了压力。“之前，几乎没有压力，几乎没有评判生产能力的指标；操作工人可以待在驾驶室，不管传送带有没有在运煤；现在有了详细的评测指标，工人更有生产动力了。”（经理）“当然，压力确实有；但这是很正面的压力，会激励工作；在国企中，大家干活都随心所欲。”（操作工人）“同国企相比，拉法基希望大家都尽最大努力；成效最为重要；我们大部分人都较好地接受了压力，有一部分人不能承受；这是时间问题。”（操作工人）

调查对象将他们形容的“人管理”和“系统管理”进行了对比：“人管理”指的是个人专断、关系网和徇私情至上的管理模式；“系统管理”指的是严格遵守整套规则的管理模式，“对我而言，拉法基是靠准则和规定运行的，而不是靠个人。”人们并不认为这种体系会导致人情味缺乏、不通情理和官僚习气，相反他们认为这会带来很多的人道精神：“如果评估体系不客观，我们就可以完全主观、随意地评判人；我认为这非常不人道。评估系统的客观性是管理中人道精神的成分之一。”（监管）“以前，提升和个人发展非常依赖人际关系；拉法基以人为优先。”（操作工人）

我们可以把这种运作模式和信任基础的转变联系起来。一位经理激动地坚持认为“信任”和“信赖”存在差别，“信任”属于关系逻辑范畴，而“信赖”更与能力职业逻辑相关。

人们如此看重客观性，而实际执行情况如何呢？徇私情可能一直存在，关于这一点，一位操作工人笑了笑，回答道：“确实存在；但我从没听过有人谈论这些东西；中国人不太向周围的人讲述他们的感情。”但从我们收集的总体言论判断，我们实际已经偏离了中国企业的最常态，这点似乎难以怀疑。

帮助每个人的个人发展

重视个人发展，这一点尤其受到赞赏。“企业发展取决于其雇员的个人发展，我记住了这话。”（操作工人）“拉法基非常重视个人发展；氛围对升职

和创新精神很有利。”(操作人员)

集团帮助每人进步。“最重要的是,管理层非常重视人性,更为接近人,接近每个员工,帮助职员成功,这一点尤其让我震惊。”(监管)企业渴求成效,也处处提供支持。一位经理认为,目标应该“很难,但不应该过分”,给人“自我提高”的期望,对那些有困难者,给予“更多支持”。“拉法基的策略主要是说服和鼓励;以前如果我们不够好,据说将被逐渐开除;现在不这么做了;我们会受到鼓励去进步,不用过度担心;如果我们不够好,我们拿了B或者C,这并不说明我们工作得很差、其他人比我们工作出色,”一位操作工人说。

人们尤其强调了培训。“个人发展;拉法基给我们提供了很多培训,在需要的情况下给予我们支持。”(操作工人)拉法基和传统的中国企业不同,培训并不专限于老员工,这表现出对新员工的信任。

而企业付出巨大努力的安全问题①,也被视为个人发展领域的一部分。“不管是谁发生了事故,对其个人和家庭都是极大的痛苦。我们不愿意这样。”(经理)这位经理继续说道:“这极好地反映了人道精神。”“政策以人为中心”(经理),这句话描绘出企业政策的特点。以前,集体串通逻辑是人们对事故反应的特点。一位监管评价说:“以前,不管发生什么样的事故,我们都不去寻找原因;要表现得团结一致。”现在,企业过渡到有序运营、遵守规则和追求进步的逻辑。这位监管继续说道:“现在,我们对事故非常惭愧;应该找到原因,直接的和深层原因。以前这不被看好,现在我们开始接受。”

长期展望

在中文版《行为准则》中,添加了长期指标,在美国版本中则没有,如“注

① 集团到达后,在此方面成效显著,转变极大。在收购的第一家工厂,三年内因事故而浪费的时间缩短为原来的1/20。

重能力的长期提高”、“长期强力提高市场份额”等。人的发展也和长期展望联系起来：“如果企业没有未来，我不在那里工作；我的个人发展和公司的未来相关。”（操作工人）作为反例，生产部的一位领导讲了一群操作工人离职的故事，故事很长。“他们说，他们不太看得到未来；当时是2004年。现在拉法基进步快多了，有些人又回来了。”

一方面是追求短期效应的机会主义运营模式，一方面则建立集体秩序，保证相当久远的成功；受访者认为两者在多方面对立；而长期展望，拉近了两者的距离。

费时又复杂的调整

如果说总体上运营模式被积极接受，但人们也并非一致同意。在我们遇见的负责人中，有几位指责程式化管理是造成某些领域决策迟缓的因素之一。在子公司发展方面，尤其在与客户和与管理层的关系管理方面，这种观点更为突出。在这些方面，依照直觉管理似乎和公司整体运营配合更为默契，相比照章办事，效率更高。如果我们想发展公司业务，一位工厂领导认为：“两个关键词：快速和规模。我们太慢了；我们被数字窒息了，丧失了很多机会；拉法基的管理太僵化。有很多我们无法预见的创举。我们限制地方单位的创举。应该取消无用、官僚的任务。我认为，主要指标是利润。如果我们指标过多，我们就抓不住主旨；我希望更多的自主权，否则我没有兴趣待下去。”西方依靠明确的制度进行管理，中国则依靠人进行管理，联合商业（BU）的主席对比了两种管理，他认为制度管理降低了与管理者人格相关的风险，但也限制了他们的创新；如果经理人富有能力，还将会阻止企业的快速发展。他认为在中国管理风格中，权力集中于经理周围。

在较低层面上，人际信任关系具有重要意义。一位操作工人讲述道：

"和那些我不太认识的人一起工作时，需要更多时间来明白怎么沟通和对话；对于我们这些在炉子周围工作的人，沟通对工作非常有利；我们花很多时间来谈论常见问题，分享经验；同一个问题有不同的分析；也许有些人通过网络、书本或别的途径找到了解决方法。我们不缺讨论和打牌的机会；我们组织会议。"

客户关系也是一种周旋。将市场实际和拉法基的价值观进行结合，可能会碰到什么样的困难？谈及此问题，我们的调查对象提起许多市场的存在，这些市场有的"干净"，有的不太"干净"；即便行贿不再适宜，和客户保持良好关系依旧重要，而这有时需要灵活行事。"合同里的有些东西是可以商讨的：价格、付款期限，还有没写进去的东西。"（销售经理）①

总体而言，和关系逻辑的衍生品进行斗争，同时又不能丢弃其积极因素，这在企业管理中极为棘手。

此外，强盛企业形象和劳动力市场的结合也很困难。仁慈权力帮助个人进步，可以让其执权对象和外界人士展开竞争，但到何种程度呢？对于劳动力市场逻辑，尽管人们并没有公开批评，但也没有完全承认，主要是忍受。一位生产经理谈起了一些操作工人的情况，这些工人离开企业后又回来了，职位比这位经理还要高，这位经理的话有看破红尘的意味："他们直升几级；这很正常，市场起了调节作用。"而操作工人抱怨工资水平，参照的却不是市场逻辑。"在 LFT② 调查中，我想起一个调查结果：'如果我们真的为拉法基工作，我们的报酬会更高，拉法基很有钱。'他们不考虑市场。"（联合商业主席）

---

① 关于中国企业的报告指出，企业通常极少遵守合同条款，人们也很难依靠司法机关得到赔偿。事实上，企业间的合同总体上只是关系附带品而已，其中债务和债权在长期内持平。因而无论关于期限、质量或者付款，合同预计和最终发生存在偏差。双方达成具体合同，可以使人明白谁欠谁的债，以及债务规模。这种运行模式表明双方存在长期关系。参见：Mingming Duan，*Incomplétude des contrats et Relations interfirmes dans une économie en transition: le cas de la Chine*，论文，巴黎第十大学，2007 年。

② "明日领导者"，企业管理创新计划名称。

三、文化的潜在性

拉法基竭力引进的管理方式引起了反响，遭遇到抵抗，也取得了成功；这些和中国环境下的具体转变方法有关。

对掌权者的期待

在中国文化中，划分好坏权力极其常见。而“正确权力”的特点，尤其是人们借以避免腐败和滥用职权的“正确权力”，并非完全模仿西方的主流观念。

西方认为辩论、争辩有益，人们期待对立思想的碰撞产生智慧的火花。相关的真理不可知观植根于希腊城邦历史中。① 这些思想遗产是西方盛行观念的标志，对于君主专制政权和民主政权的具体对比方式，尤其提供了丰富的素养。如果缺乏能够持续质疑掌权者行动的反对派，那么该政权被视为专制政权。而中国继承的是另外的历史和另外的世界观。好坏政权的对比也不同。② “公开争辩表达赞成或反对，逻各斯针对逻各斯”③，中国没有这种传统。人们害怕过于微弱的政权、游移不定的规则会导致混乱，社会崩溃，陷入无政府状态。主体自主的西方观念让人担心。需要强制人们遵守规则，越是不出于自愿，越是需要使用严厉的手段来强制执行；而日常人际关系则体现出强烈的个人主义特点。

同时正如文学家笔下的情形，好坏政权的对立是中国历史的中心。④

---

① Jean-Pierre Vernant, *Les Origines de la pensée grecque*, PUF, 1962.

② François Jullien, Thierry Marchaisse, *Penser d'un dehors (la Chine). Entretiens d'Extrême-Occident*, Éd. du Seuil, 2000.

③ 同上，p. 164。

④ Marcel Granet, *La Civilisation chinoise* (1929), Albin Michel, 1994.

如孔子所言，好领导献身于人民利益，是德行的样板；受到好领导形象启发，好政权被搬上舞台。[①] “务民之义……可谓知矣”；当权者应大公无私，不滥用其权力：“君子……欲而不贪……威而不猛”；孔子给出了正直行为的榜样：“故君子名之必可言也，言之必可行也。君子于其言，无所苟而已矣。”因此想象中伟大君主活着只是为了人民利益，从不考虑自己。[②] 相反坏君主形象则残暴骄横，忘了德，而德被视为自然法则；[③]他们的暴政最终会导致混乱。[④] 如果从以上来看，孔子教义似乎是中国人日常行为的准则，但中国人并不信奉孔子。无论如何，文化背景对中国人的行为举止没有神奇效果。但是中国人借助其教义来审度局势、评判他人。同时，他们表现出一种世界观，并受其影响，而这种世界观长期存在于中国历史中。

如果掌权者无法和谐治国，他就失去了合法性；在传统的中国观念中，这意味着他失去了上天的授权，应该取而代之。但公开质疑受到尊敬的权力，这是另外一回事。中国文化并不缺乏一些观念，借助这些观念，那些与被动服从权力形成对照的行为从而具有意义；拉法基在对员工培训《行动原则》时借鉴了这些观念。但这是非常敏感的一个领域。

对于这个问题，传统的中国人表现得很尴尬。孔子认为，完美法则的形象没有任何质疑的余地。但是这种执权方式不无风险，缺乏反对者，因而会缺乏质疑；即便情况可疑需要质疑。孔子意识到了这一点：“人之言曰：‘予无乐乎为君，唯其言而莫予违也。’如其善而莫之违也，不亦善乎？如不善而莫之违也，不几乎一言而丧邦乎？”可以在君主面前公开表达观点，这是国家生存的必然要求。“子路问事君，子曰：‘勿欺也，而犯之。’”但为了公共利益说真话，在现实中极其棘手；除非掌权者和批评者关系特别，否则批评行为很容易被视为不敬，而非益言之举：“信，而后谏；未信，则以为谤己也。”

---

① 原文引用皮埃尔·海克曼的《论语》法语译本。(Pierre Ryckmans, *Les Entretiens*, Gallimard, 1987.)

② Marcel Granet(参见前文注释)，p. 23。

③ 同上，p. 26，45。

④ 同上，p. 53。

摆脱关系逻辑

中国民间社会依靠关系逻辑运行。传统上强大政权借助“天子”(官僚体系[①])名义来维持秩序，执权体系庞大；其应该关心人民利益。中国员工对拉法基的期待，正如他们对集团管理原则的理解，受到这种共存的强烈影响。“人管理”和“体制管理”的说法也正是由此而来。

国企和私企在很大程度上依照关系逻辑运行。相反人们认为拉法基对员工实行强力、公正、富于给养的权力形式和“官僚体系”的理想形象相符合。重视能力，公平(以能力为评判标准)，富于给养(发展个人能力)，注重安全，同时保护个人和其家庭，这些都完全符合理想的权力形象。注重长期发展亦然。人们认为“体制”更为重视“人道”，相比人更为接近“人，每个员工”，并且“以人为政策中心”，而人则不如此；这是因为传统上，只有公共权力忠于职守时，才如此行事。

执权方式改变后，个人依旧重视其利益，这点和利益网、人情盛行时期一样。他们希望权力发挥作用，每个人都可以在工作中得利。如果他们赞赏变化，那是因为在更无序的世界中，人人自卫其利益；相比之下，他们重聚一起感觉非常好。

总而言之，执权方式发生了转变，重视示范，在一定程度上倾听下级，关心下级的个人发展，从而彻底抛弃了中国企业最常见的做法。尽管没有离开中国文化框架，但改革还是可以进行的；文学塑造了中国传统的、关心人民利益的“正确权力”的形象，实际上改革的意义正在于此。这种形象并非一直指导中国政权行动——事实上远非如此；但其存在于人民想象中，人民对符合想象的做法，随时会进行肯定。从一种近乎无序的运行模式(其中个

---

① Étienne Balazs, *La Bureaucratie céleste. Recherches sur l'économie et la société de la Chine traditionnelle*, Gallimard, 1968, coll. “Tel”, 1988.

人仅靠利益网和人情来保护其利益）过渡到一种有序的运行模式（其中强大、公正、富于给养的权力提供保障，借助以“体制”，依靠严格规定），权力作用观在中国并不陌生，并不需要引入中国社会。这种观念和中国企业的惯常做法形成极端对比，在企业界深入传播自然也非轻而易举，拉法基成功促成了转变，我们不应看轻其功绩。但我们也并没有碰到很大的文化障碍。而对于自由质疑掌权者，中国还不太熟悉。拉法基在这方面也不太可能带来改变。

结　　语

拉法基在中国管理模式中注入了新的价值观，中国对这些价值观并不陌生：如关心员工——这是拉法基尤为注重的价值观，拒绝专断，规则面前人人平等，皆继承了西方社会[①]共同价值观的传统，但这些价值观鲜能在企业中实行。集团建设了一种“能力文化”，严格评估和公平酬劳是其中内容。集团在培训方面付出了极大努力，极为重视安全问题，从而使价值观从简单的参考原则变为日常行动的指南。这些变化受到了广泛欢迎，这与中国企业理想和现实间的反差相称。总之拉法基帮助中国员工阔步前行，在企业中实践中国的正确权力观。

---

① 讨论我们定义的边缘地带，尤其东欧和拉美，恐怕偏离了本书主旨。我们使用了西方的狭义定义，以指代欧洲社会或者欧洲社会的继承者，如美国，其指出了现代化和法治国家的新兴建设之路。

第三章
约旦：统一性与部落制度

中东地区如同中国一样，西方主流的社会组织形式与所谓的西方人权观念都备受争议。因此，企业面临着如何把它的管理模式与当地实际结合起来这个难题，就如我们在拉法基集团所看到的那样（见栏一）。

与企业价值观密切相关的企业管理模式，面对当地社会生活、人事管理的传统观念时将会如何发展？我们为此进行了研究。在调查中我们发现，约旦子公司在融入集团方面远不及中国分公司。① 此外，我们完成调查时，“明日领导者”（LFT）计划提出的改革才刚刚起步。这主要是因为此计划虽带来希望，同时也引起忧虑。也许在这种情况下，我们才会发现外资集团所提出的管理方式中，哪一种更容易被当地员工接受，以及何种条件下效果最好。

---

① 我们的调查结束时，当地一家国有企业私有化所引起的改变尚未能被充分接受；私有化极大地影响了不重视生产力、墨守成规的当地社会。企业在裁员方面仍面临着巨大压力。只有部分员工支持私有化引起的变革，而另一部分则表示反对。就像对待中国情况一样，我们将暂不谈论这个过渡时期的相关管理问题。

栏一

一 项 调 查

拉法基在约旦的水泥公司前身是一家国有企业——约旦水泥厂(JCF),于1999年私有化。这家公司总部在安曼,在福伊斯(Fouhisse)和拉奇迪亚(Rachidiya)各设一间工厂,在当地几乎处于垄断地位。在人事方面,公司既有沿袭传统官僚作风的老一辈员工,也有出身于美国或欧洲管理学校的年轻骨干。我们的调查由爱拉·尤丝菲(Hèla Yousfi)于2004年12月完成。与此同时,在"明日领导者"计划框架内,子公司着手尝试一项管理创新计划。但此计划目前仅面对公司高层。

创新计划期间,子公司共举行23场面试,11场在总部,两个工厂各6场,参加人员主要是已对计划有所了解的公司员工,目前仅限于一定级别的管理者,不涉及基层领导和车间工人。根据实际情况,面试主要使用阿拉伯语或英语,极少数情况下用法语(为照顾部分法籍员工)。如果没有特别说明,引文皆来自约旦管理者的谈话。大部分由爱拉·尤丝菲译自阿拉伯语。

我们首先来看看在我们的调查对象眼中,他们时刻提到的"理想状态"与他们不得不承认的"实际情况"差别到底有多大。接着,我们将研究对母公司希望实施的管理方式,各方面截然不同的反应。母公司管理观念指出,要通过共同的理想和共同的规则将公司凝聚起来,使得每个成员承认彼此地位平等,并由一名优秀的领导来指引道路,增强凝聚力。但是,这种做法可能会使一些个体一直处于从属地位,与"理想状态"相抵触,甚至会导致错误的结果。最后,如果考虑到这个社会被部落观和宗教观所主导,而这两种观念很大程度上是截然对立的,我们所观察到的现象便不言自明。

一、理想与现实的巨大差距

我们所记录的对话不停地提到理想的企业运行应该是怎样的,次数之频繁实属罕见。诸如“必须”、“应该”、“我们缺少的是”之类的词语不断出现。理想情况是公司通过规章来运行，这些规章对所有成员同等适用。并由一人承担领导的责任，他亲近下属、处事公正并以身作则。然而，企业内部仍然存在各种社会群体，层级分明、关系紧张。因此，私人关系使规章难以得到充分遵守。

希望实现有亲和力、处事公正的上司领导下的规章面前人人平等

所有的受访者都表示，所有人，不管他的级别有多高，都应该遵守共同的规章：“必须有一个标准，你和我都必须遵守的标准。我，作为小员工，你，作为高层领导，我们最终的标准都是相同的。”“我们缺乏的是基本工作准则……上司和下属间的关系应该由这些基本准则来规范。在约旦水泥厂，我们就是因此而备受折磨，我们没有统一的准则。”当然，具体的职能可以有所不同，但要在规章允许范围内。“我应该有一本手册，清楚明了地说明部门主管的权限：1、2、3、4，而且员工的权限也应该明确。”“必须详细规定每个职位的职权和责任。”“必须建立起规章制度。”

相对地，缺乏规章和明确的准则、以上司个人意愿为法则的工作环境则不被接受。“我不想我的上司每天告诉我应该做什么。”“如果没有工作准则，那么日常工作都是建立在个人指示基础上的……上司和下属间就会产生矛盾，因为缺乏统一的工作准则。”

尽管所有人都希望在规章面前一律平等，他们并不反对有一个强势的上司，他能带来安全感和指引方向。“就如国王保护他的臣民一样，上司保护和笼络其下属。反过来，下属也会拥戴上司、对其忠心耿耿。”“我们需要有魄力的领导，我们需要……坚定的后援作为管理中心和决策中心。”策动力应该来自高层。“要实行这些制度……应该从公司高层开始。如果我是经理……会根据明确的企业文化来行事；这应该以某种方式反映在我的下

属身上。”但上级不能因自己较为优越的地位而置身事外。“最高层的管理者必须和工厂最底层的员工沟通。”“必须亲身考察”而不只是下命令:“要这样做,这样做和那样做。”上级应具有强大的感染力,既能肩负起身为领导者的角色,也能拉近和下属的距离。“我们需要的领导应该是个精神领袖而不仅是个管理者:他既是精神领袖也是公正果断的决策者。”这样的领导令雇员感觉能“同甘共苦”,“全心全意地支持下属”。

实际情况:疏离的上下级关系与独断专行

而以上这些,据受访者所称,与企业的日常情况其实丝毫不符。

许多受访者指出,实际上在办公室发号施令的人与在工厂汗流浃背的人之间存在隔膜。前者不屑于关心后者(见栏二)。产生问题的并不是纯粹的工作关系:“原则上,我们的关系很好,合作无间,原则上只要我们有需要,他们就会来帮忙。”但事实上两者间存在对立:一方面,前者“舒舒服服地坐着”“什么也不干”;另一方面,在工厂工作的人才是“出力气”的人。前者“获利”,后者“吃灰尘”。后者的“劳累”“造就了”前者的“利益”,而前者“却什么都拿走了”。坐办公室意味着“奢华”、“特权”、“巨大的好处”,有机会“什么”都“轻松拥有”:旅游、培训,等等。而在工厂里工作则意味着必须“斤斤计较”,开“破得不能再破”的车。老板与员工的关系太疏远,后者“根本就不知道”前者的“工作性质”。我们非常渴望平等,而实际却与此相悖。

栏二

子公司总部和工厂间的关系

“子公司总部和工厂间存在不平等,所有人都能证实这一点。我们去总部时,会开工厂的车。你如果看到总部的汽车,只会想到奢华二字,而工厂的汽车,就像你看见的,破得不能再破了。他们什么都拥有,而我们什么都没有，为什么？用工人们的话说：‘我们在这里吃灰尘，而他们却因此享福。’根本就没有平等，你也能发现这点。”

“对于工人们来说，他们才是辛苦工作、创造生产力、给企业带来收益的人。而总部的员工舒舒服服地坐着，什么也不干，他们对企业的贡献比不上工人，却比工人享受到更多的特权。工人们辛苦，在安曼总部的员工坐享其成。企业大部分的员工都抱着这样的想法。也是因为如此，我们很少看到总部的人在这里出现。就算他们来了，也只是来这栋办公楼，不去工厂。也许他们在安曼总部的工作非常重要、十分宏大，但工厂里的工人们对他们的工作性质丝毫不清楚，因而会产生沮丧情绪。”

“我们，并特指我个人，我们什么都被总部的人夺走了。我们辛苦工作，我们出力气，我们尝试改革，我们事事处理妥当……而却是他们获得大好处：参观，是他们的；旅游，是他们的；良好的培训课程，还是他们的……更别说还有其他的好处。例如，如果我在总部当主管，我简简单单就可以拥有专车和私人医生，可以轻松地送我的孩子们进好学校。而我现在的职位让我只能处处斤斤计较。”

企业体系中高层和基层间的隔膜在决策过程中充分体现：“他们会给出一些策划，毫无先兆，却已经安排计划好，让我们只管实施就行。”“他们提出一系列的改革措施……并没有征求工厂员工和工程师的意见。”隔膜甚至严重到，不但没有基本的征求意见，而且连通知也没有：“决定来自高层，而工厂里大部分人对此却没有获得任何通知。”

当任务被指派到更低一级别时，工作成果却完全不被尊重。“例如，一名工程承包者来找我报销发票。我会检查他的支出，扣除不能报销的款项，再做出账目。可是我后来很吃惊，他所有的支出都被报销了。”上级甚至不屑于告诉其下属他出于何种理由干涉：“如果我的老板提前通知我，基于一些变动，不用做1、2、3了，如果他能向我说明情况，我想我会接受的。但如果我完成一项工作，却发现另一个人在我后面和我做完全相反的事情，这会让我很沮丧。因为我再也弄不清楚企业的规矩。就是说，我是根据企业的规矩来工作,却发现事情乱成一团,不知谁的决定算数。"在这种情况下:"作为会计,负责审计,我的角色到底是什么呢,我到底要做什么呢?"

对一个有序工作环境的希冀总是不断受到打击。在有序环境中,个人命运不依赖于某一个人的随意作为,而是遵从清楚明确、平等的规定。"我们的工作总是受一些人心血来潮的影响,某些人一时兴起,来自工会的压力,来自部落的压力,来自政府的压力,来自代表的压力,我说的当然是人民的代表。"裙带风严重影响了对个人贡献的评估和奖励。"根本就没有公正可言,我感觉是这样……如果你跟直属上司的关系不好,是难以获得好评的。尽管你事实上很有见地。"即使存在这样的评估体系来进行客观评价,这个体系的精神也未能被贯彻。"评估依然是主观的。比如,评估表上有十项评估内容,每项 10 分,总分 100。如果我是主管,对你进行评估时,我心里会想:'我给你打 80 分。'我根本就不看具体的评估内容,只要总分得出 80 分就可以了……"

理想与现实的差距令人有更强烈的改变一切的愿望。"只要你停止一切,并且说:'这个制度,我再也不要了,就这样。'"我们再次听到这样的愿望,希望一个有序的工作环境,在这个环境中一切都如数列般清楚明晰,每个人的工作都遵守重要准则。"我会在一个新的制度中重新开始:1、2、3、4。这些准则是公正、平等和公平的,不分职位高低,不论工作性质。"

但这样的变革是很难实现的,尽管强调原则的重要性,依靠制度严格管理的环境并不真正能被人们接受。"雇员不愿按照规章、程序或者指示行事,他希望能有特殊处理。如果他不能得到理想的答复,他就向领导反映。如果还不满意,就要去见更高一级的领导。这就是我们的企业特质:……我想要这样东西,我就一定要得到,即使我必须通过金字塔尖的人物来解决。""工人们很喜欢特殊情况,而不满足于执行决定。他总是试图直接找领导来解决问题。"这是一个恶性循环:"指示也许是清楚的,但由于存在一些特殊情况,所有人都想利用特殊情况获得好处。"

如何获得认同

获得认同似乎尤为关键。员工能够接受一些苛刻的条件："我是企业的孩子，工厂的孩子，我可以接受这间工厂的条件。"但是他们另有一种强烈的欲望，希望所有人都获得同等的认同。

差别待遇令许多人愤愤不平。"现在，工人们感觉待遇不公平，有时甚至觉得被剥削了。有些人也是被聘用的，可他们工资比我们高，其他待遇也比我们优厚。因此工人们讨厌拉法基，惧怕拉法基……例如在总部，如果他们开始招聘外籍员工，就会引起大部分企业员工的担忧，不管是技术人员还是工程师……他们相互嫉妒。"

人们之所以期望企业实行这样的运行模式（在"应该"一类话语中被不断提及的模式），主要由于不想产生强烈的挫败感，这种感觉主要来自获得认同度的不平等，一部分人获得的认同度比另一部分人高。这不仅关系到上下级关系，也关系到同级关系。

领导要指引方向，领导被寄予很高的期望。必须明确的是领导和他施行权力的对象即他的下属处于同一世界。从这个意义上说，"统一"的"参考标准"的存在十分必要，"我，作为小职员，而你作为我的上司，我们的参考标准相同"。同样，上司在现实中和在精神上拉近与下属的距离也是十分重要的。在现实生活中，和下属"一起吃个早餐或喝杯茶"。在精神上，要"全心全意地支持下属"。父亲的形象（关于这一点我们后面还会提及）曾经被用来形容这种既威严又亲近的关系。这种属于同一个家庭、有着同样的社会地位的关系意味着最基本的平等，而主人和奴隶间却存在着最激烈的不平等。[1]

---

[1] 关于这种对立在阿拉伯世界中的角色，参见：Riadh Zghal, *La Culture de la dignité et le Flou de l'organisation; Culture et comportement organisationnel — Schéma théorique et application au cas tunisien*, Centre d'études, de recherches et de publications, Tunis, 1994.

两者间的对立不言而喻。

人们也强烈担心同级同事间会产生不平等。“企业必须认可每个人的工作。如果我的父亲喜欢我的哥哥比我多,那么我们之间就没有任何关系了。”在这种情况下,“这里的人在管理工资上选择用共产主义的方式”。但是,这位受访者接着说,“同时,他们又希望每个个体都能被认可”。每人都期望个人认同,与他人平等,而不仅是一群人中微不足道的某个人。“这些人提出的计划,如果有利于工作,应该给予提建议者实际奖励。如果是我,我希望是物质奖励。”

理想状态当然是能够调和认同个人贡献(公平)和给予平等待遇(平等)这两个方面的关系。“我们的目标是实现公平和平等。”在现实中,当每个人的能力有所差异时,应该如何做呢?

二、引入外国管理模式

拉法基寻求的管理改革引起的反应截然不同。一种方式受到反对:这种方式会让人感觉生活在一个分裂的世界里,在这个世界里,有些人完全没有集体归属感,且这个集体缺乏有力的领导。相反,另一种方式则带来众多希望:这种方式能产生某种团结,从而引起相互间的平等认同。

难以公开质疑员工

一个由约旦籍管理者组成的委员会,在没有征求母公司意见的情况下,根据美国版的《行为准则》,编写了阿拉伯语版的《行为准则》。许多段落并未被采用,或是被彻底改写。他们指出一些字句可能会使人有屈辱感,有些是关于员工的工作负面评价,有些是关于批判员工的观点。

英语版《行为准则》中出现的一切关于个人不足的评价,在阿拉伯语版中都被删去，如失败、错误、弱点、不够完美之处（处理反复的失败，从错误中吸取教训，弥补缺点和不足）等。例如“他们（管理者）帮助他们（雇员）从自己的成功和错误中吸取经验”，在阿拉伯语版中则改为“定期地就工作效率向雇员提出建设性意见”。

同样，一切有关于评价个人表现的词句也全都被改写。因此，“管理者应公平地、如实地评估工作成果”这一句并未被采用，还有这句：“我们希望所有的员工都能够衡量和明白他们个人行为所产生的影响和后果。”

在关于团队合作的那部分内容中，所有关于冲突（如“处理冲突是团队合作的必要部分”），甚至关于意见相左和缺乏共识（如“团队合作并不是在每一件事上都达成共识，而是每个个体都在寻求差异性中获得进步”）的段落都未被写入阿拉伯语版中。

一些提及紧张局面的段落也同样如此，例如，“成为一个‘多地区化’的组织涉及……引导管理团队处理因在地区事务中实行全球化运作而产生的经常性矛盾”，以及“处理‘地区化’和‘全球化’间的紧张关系是我们面对的重要挑战之一”。

同时，一些从管理学出发作出的努力也难以有成效，主要关于明确个人职责、进行绩效评估方面，目的是据此相应地奖励或惩罚。许多外籍员工对此多有抱怨。

因此，首席执行官表示：“总部留给工厂相对自由的空间，‘你们有自己的职责、自己的目标，你们可以专心地工作，当然，还是要向我们汇报’。”但实际上，“如果是好消息，总的来说，人们会很乐意接受。但当需要在评估面试中给出反馈，当然反馈并不总是那么令人愉快的，或是要给出不客气的反馈，客观但并不总是正面的反馈，人们就很不乐意。”同样地，一名法籍员工表示：“在委派工作方面有一个问题：我将一件任务交给某个人，这个人转而将这件任务交给另一个人……然后，当我向第一个人询问进展时，他会跟我说‘不是我做这件事的’，然后叫我去找实际负责这件事的人。……这样，任务是下放了，但责任没有下放，最后还是由我来做决定。”或者，另一位来自邻国的外籍员工表示：“从文化方面看，在这个国家，如果你没有正面评价某人，就表示你不想他涨工资，就意味着你对他有意见。”同样，人们会尽量避免一些有可能引起批评的做法。“如果我不工作，别人就没法挑错，这就意味着我很优秀，我就可以升职。这种想法很不幸地相当普遍。许多人说：‘如果我立下远大的目标，却没有实现它，就会被认为是个漫不经心的人。’所以，我只立下我一定可以完成的目标。”

企业力图建立的绩效文化尚难以成型（在这方面，约旦子公司与中国子公司的差距十分明显）。如果预期结果未被达成，个人意愿就会被拿来当挡箭牌。“如果犯了错，约旦籍员工会说：‘我并不是故意的，我初衷是好的，为什么你要根据我的无心之过来进行评估？’①”当然，强调初衷并不仅出现在这种情况下。同样，当“performance”（能力）这个词在《行为准则》中被译成阿拉伯语时，所使用的词语“adda”强调行为方式更重于实际结果。当然，这样的解读也许出于自我保护心理。

团队工作也因此受到了影响。“团队成员应该互相帮助。然而，每个人都有自己的个性，都不愿其他人干涉自己的工作……如果你干涉他的工作，就表示你是去找他麻烦的。所以，‘不，我自己干，我什么意见也不给……’这种心理的确存在。而事实上，这也影响了团队合作。”

为了改变过于均等化的薪金制度，人们提出了改革措施，却很不受欢迎。在这方面，外籍员工多有意见：“我曾设立一项奖金来奖励表现出色的干部。消息传开后，第二天就有人来向我建议说个人奖金应该平摊给所有人，以免产生矛盾。还有一次，我选择进行秘密的评估，为了避免类似的事件，我决定直到最后一刻才公布名单。然而，就在把感谢信和奖金交给秘书时，我发现她早已知道相关人员的名字，这事情早已人尽皆知。最后我发现

---

① 一位先知的话经常被引用：“应根据其意图来评价其行为。”这样行为的结果就被列到第二位了。

居然是出纳散布的消息！”

只要我们仔细思考一下，就不难理解这些反应其实源自企业的定位。根据所受到的对待，每个人或觉得自己的身份近似于儿子，享受着来自父亲的全部宠爱，也拥有这一角色所带来的荣耀。或相反，觉得自己像个仆人(甚至像奴隶)，被无情对待，不断地因低下的地位受到屈辱。所有与儿子身份不符的待遇都会被归类到仆人或奴隶上去。在这种对立中，“令人不快的反应”是可以理解的。人们高度期望能够保持表面上的平等，尽管实际工作能力和表现并不相同。我们可以想象，由于对这种脆弱的平等抱有强烈的不安全感，任何有可能影响这种平等的事情都会引起猜疑，更进一步会引起激烈的争论，意见的冲突甚至会很快沦为人身攻击，充满羞辱人的言辞。

咨询与建议

诚然，不管何种形式的报告，如果会令人自然而然产生被贬低的感觉，对方反应都会很有保留。当然也存在其他形式的交流，可以提出不那么激烈的观点，也会感觉自己的意见被充分认可，这些形式是很被看好的。倾听、分享也因此受到重视。

人们眼中理想的领导应该将其任务与他所领导的下属紧密联系起来，向他们提供信息并征求意见。“坦白说，最重要的是，你向雇员详细解释企业的定位、企业的目标时，雇员就感觉自己和总部是志同道合的，他会想和企业一起进步…… 你要令身边的人参与进来，让他们帮助你……你让他参与决策，你对他说：‘我们想这样做，你有什么看法?’这样他就成为你计划中的利益相关方。”“如果想让雇员参与进来，我必须向他提供信息……我要征求他的意见，这样他就参与了决策，他就会有责任感。我个人将员工比做家中的孩子，通常对于家庭的责任感和归属感从小就有，这是天生的。但如果父母亲并不重视他，那么随着时间推移，这种责任感和归属感就会减少。”

至于批评的效果就并不那么理想，因为受批评的人会受到贬低。“说到批评，如果是我，我不会直接批评……我刚来这里时，和这里的员工发生过冲突。只是一个小小的玩笑，却恶化成争论和矛盾。”批评与建议的情况并不相同，后者不羞辱人（见栏三）。“人们没有当面批评的习惯。批评的方式十分重要。必须采取一种出于为某人着想而向他提建议（nasihaa）的形式。”“建设性的批评，换句话说，就是以不伤害员工为目的的建议。”如果我们不想“伤害”，或是为人“着想”，就将话停在如何改善的方法上，暗示这是因为有改进的必要。直接指出某人做得不好是十分冒犯人的，而向他提出一些能更好地完成目标的建议则不会。

同时，有人表示更倾向于集体责任形式。“我觉得团队工作更轻松，因为责任由所有人一起分担。”“我喜欢团体工作，这对我们来说更舒服。因为责任由所有人一起承担。例如我，我的工作是维修机器，我和一两个同事一起工作，责任不再是个人的。”万一出问题，没有人会独自承担失败的后果，也就不会陷于不利的地位。如此一来，就没有理由为了避免受到不良评价而总采取保留态度。“最重要的是，他们具有团队精神，这促使他们尽心工作，不再计较什么。”①

栏三

批评与建议

“建设性的批评，并不是说这说法不对，而是不准确。这并不是合适的表达。建设性的批评并不会惹恼任何人。在这里，下属们不停地批评他们的上司：这个地方最好能改善一下，等等。重要的是批评的方式。本来，在我们的文化里，批评就是建议。批评可以被视为建议。但是有时候，当有人在其他人面前批评你时，这就变成了一种羞辱，而不再是建议。”

---

① 本文第一版完成时（2008年底），子公司的总裁在评价中强调了这一点的实际意义：“最初，奖励机制以奖励个人为目的，它失败了。而现在这个机制取得真正的成功，因为它改为以奖励团队为目的。”

“我是这样理解建设性批评的：我完成了某一项具体工作，我的同事对我说：‘你可以采取另一种方式，更快地完成任务。你花半小时的事情，用我教你的方法，5 分钟就可以做完。’这就是一种建设性批评，花费半小时的工作，可以 5 分钟搞定。这样的批评可以让你提高工作效率。”

“领导应该将眼光放在下属工作或生活中的闪光点上。如果下属能力超群、工作努力，领导就应该予以感谢、赞赏，或是授以荣誉奖章，颁发奖金……这样，雇员以后就会接受建设性批评。例如我，上司给了我五项任务，我却只完成了两个。我还是接受了上司对我的建设性批评。他对我说：‘你应该加把劲，认真工作，才会实现自我。’这也是为了我好。”

“明日领导者”计划与集体认同

尽管员工很难接受那些有可能使其处境不利的计划，消除企业高层和基层之间分歧的想法还是十分受欢迎。“明日领导者”计划在这方面被寄予厚望。

在阿拉伯语版《行为准则》中，加入了“相互认同每个人在团队工作中的贡献”这一说法，并不存在于美国版中。自从我们不再贬低个人的贡献，而是强调每个人都力所能及地为共同的事业添砖加瓦，所有人都感到被充分地认可。

在这里人们希望所有人都被认为是企业的一分子，不论他在企业中任何种职务。“‘明日领导者’计划……无疑是十分优秀的计划。……它给员工们一个准确的定位，并关系到全体员工。这个计划指出了前景，鼓励员工并让员工们觉得他们的意见很重要。”“他们已经提到具体计划，也会组织一些培训，等等。人们希望如此，能够跟企业一起进步，能够承担角色，能够积极参与。实习和培训并不局限于特定范围，涉及整个企业，所有的员工，而不只是某一特定范围。……当你给予领导优待，给予部门主管优待，以及其余所有员工优待包括培训时,他们会觉得受到企业的重视,表现会更优秀,生产力更高,干劲更足。”

通过打造“单一团队”,我们可以消除领导层和基层间的隔阂。“如果所有级别的干部都聚到一起共同决定,那么讨论肯定会十分有建设性,因为征求了从底层到高层的意见才作出这个决定。…… 我希望约旦水泥厂,在拉法基集团的框架下,能够做到这一步。希望我们能像个单一的团队一样工作,只有一个部门。”

模范式管理特别受关注。“模范式领导百分之百重要。对我来说,模范式领导,就像儿子会模仿父亲或母亲,完全是相同的道理。如果你不做出榜样,怎么可能当模范妈妈或模范爸爸呢,如果你说一套做一套,怎么让儿子以你为榜样呢?‘Alkoudoua’,意思是成为模范,就如同先知以身作则,他首先行为得宜,之后人们就会效仿他。”

有一种领导方式带有强烈的精神领导特点。这种方式令上司既能坚定地指引方向,又能与下属保持亲近,就像父亲与儿子的关系一样。这样曾饱受诟病的疏远的上下级关系就能有所改善。

建立规章、程式,对职责进行明确界定,避免武断专行,这些重要内容预示着有序工作环境的形成,从此没人会再受上司一时兴起的折磨。“如果形成了工作流程,规定了明确的步骤,定义了工作职责,并且有详细的职位描述,那么所有工作的责任就会非常清楚。”“这样我们就会远离特殊情况,远离复杂情况和冲突。”

未来,我们看到了创造一种“统一”①观的前景:“‘明日领导者’计划十分重要,它明确了企业的定位。我们也因此具备了统一的原则,同质的原则。”“计划统一了我们在企业的工作目标:我们使用共同的语言,标准的,所有人共享的语言。我们有共同的目标,也清楚将去向何方。”“我对‘明日

① “统一”是从阿拉伯语直译,也可译为“同一”。

领导者'计划最主要的看法就是，它将工厂工人，或者说企业员工的众多目标统一起来了。就是说，企业的员工在约旦水泥厂的职业生涯中只有一个目标，只有一个远大前景。这就是我在会议中（介绍本计划的会议）印象最深刻的。此外，还要改变企业员工的工作文化，就是说创造统一的文化。"

这些初步成果向员工们表明，真正的改变已向前迈开了一步。也就是指相互间关系更亲密，不论职位高低，即使是总裁也一样，在企业内部建立一种超越职位差异的象征性平等。"员工们喜欢'明日领导者'计划这个主意，尤其是'明日领导者'特别日。他们可以在不同的岗位上工作，在不同的决策部门体验。和总裁一同开会，听他介绍企业目前的情况，面临的挑战和前景。""我欣赏'明日领导者'计划的一点是，有机会和总裁当面讨论。你可以向他提任何问题，这十分有趣。你脑中闪现的任何有关企业的问题，都可以向总裁提出来。他也会坦率诚恳地回答你。""有一次，来自不同工厂、不同行政级别的人员进行了一次交流：这被称为交叉机能工作组。"

改革究竟要走多远

一次改革的尝试可能会提出许多问题：我们是要停留在喊口号的层面呢，还是要做出切实的改变？过去一些改革的经验让我们不禁产生了这些疑问。诚然，改革确实使公司发生了变化，但问题在于这些改变是否具有实际的意义："我们希望看到的是一种欧洲精神，这样的精神要求我们待人时具有公民责任感，处事时秉着客观的原则，然而在实际操作中完全不是这样。虽然有所改变，结果却违背了我们的初衷；虽然有所改变，任人唯亲的问题却依然存在。""这些是由老板和员工之间的关系决定的……"改革对企业所产生的影响是很不均匀的："有些东西得到了一些小改变，有些东西发生了巨大的变化。从生产率的角度来说，生产率得到了巨大的提高，生产率提高，利润也会随之增多。这是最关键的一方面。其次就是在人力资源的层面,也发生了很大的变化。"然而我们仍旧停留在把人分成三六九等来区分对待的思维模式,导致一部分人始终徘徊在集体的边缘,虽然我们说在这个集体内,每个人都是平等的:"我想说,对于我们这些过来人而言,我们不曾有过变化,也不曾有过发展。对于工程师、经理这些人来说,最重要的工作就是保持。但是作为部门负责人或者管理者,没有什么最重要的事情……"

"明日领导者"计划似乎是一个推动器,在我们调查的过程中有很多人不禁问道,这一计划会在原定的道路上真正往前走多远:"我们所没有做到的,就是将这些计划确切地落实。我们希望这一计划能尽快实施。"有的人甚至会说:"这是个很不错的计划,但是我们可能没有办法将它真正地落实下来。""初衷是好的,但是无法真正落实。"我们要重新找回"必须"这个腔调:"如果我们没有工作计划和工作进度表,大家就会说这只是说说而已……必须让我的员工知道所有我对这个计划所了解的,我必须传达这样一个信息:'我不会停止为你工作。'……要使你的员工真正感受到新的不一样的东西,使他也踊跃地投身进来。"在这里"每个人都要参与进来"的论断再一次提了出来。"因此,如果员工参与这一计划的实施,这个计划就会取得成功;反之,这个计划就会失败。"

三、文化背景

压力与期望在企业内部的日常工作生活中非常明显,尤其是对目前在"明日领导者"计划指导下的改革所产生的期望。这些压力、期望与一种集体生活的观念是相联系的,该观念标志着社会的文化环境。

和中国一样,约旦不属于欧洲国家范畴,人们并不认为对他人的意见不认可,或者对他人的观点进行批评的做法是一种高尚的行为,尽管这样的争论与批评在民主社会的运转过程中占有一席之地。在这个问题上,欧洲国家态度是不同的。当然,这并不意味着在欧洲以外的国家就没有分歧,只充斥和谐的氛围。而是说，在世界大部分地区，所有的分歧以及对立都应该以一种民主的方式来解决，否则情况将会恶化，甚至导致流血冲突的发生。事实上，我们缺少一种规则，一种能在辩论中（尤其是言辞激烈的辩论中）以一种积极的方式判定输赢的规则，以避免冲突的升级。

此外，在西方社会，尤其是在美国，敢于承认自己的弱点与错误已经成为一种正面的行为。这得益于社会上各种不同的形象，当然这些形象之间并不完全是毫不相干的：一个悔过自新的罪犯的形象，尤其是在其兄弟面前时，这一形象更加鲜明；一个不断探索未知真理的研究者的形象；一个从失败中吸取教训，追求利益者的形象。这些形象的共同点在于：他们踩着失败的阶梯走向成功，以退为进，厚积薄发，但是他们并不具有普遍意义。此类形象在西方文化社会的认可度是因地而异的。这些形象在美国社会的认可度远远比在法国高，因为在美国，人们的思想深深地受到基督教传统的影响，而在法国，承认自己的弱点则很容易让人觉得是一种耻辱。① 此外还有一些文化，它们通过塑造与西方社会不同的形象，同样赋予失败积极的色彩。比如，在中国和越南，人们关注的是从失败中吸取到的教训，以及这样一种心态：不管结局如何，我问心无愧。这样的心态有助于人们直面失败。如果依据我们考察得到的资料，我们就会发现在约旦社会不存在类似的规则，即使有，这种规则也没有得到广泛的传播和认可。

在企业内部，在理想与现实的差距下，压力的强度似乎与约旦社会内部所并存着的两大共同生活的观念有着些许联系。压力的强度在这两种观念之间摇摆不定。

伊本·赫勒敦（Ibn Khaldûn）②指出阿拉伯社会是由地位不一，且以争权夺利为目的的部落组成的。的确，在现代约旦社会，尤其是在企业内部，传

---

① 参见：Philippe d'Iribarne，"La légitimité de l'entreprise comme acteur éthique aux États-Unis et en France"，载《法国管理杂志》(*Revue française de gestion*)，第28卷，第140期，2002年9—10月。

② Ibn Khaldûn, *Discours sur l'histoire universelle* (1377 - 1402), Paris, Sindbad, 1967.

统意义上的“部落”所扮演的角色已经发生了改变。但是这并不意味着“部落逻辑”的消失，我们仍旧可以将这种逻辑称为“部落逻辑”，意思是我们总是要跟某些集团打交道，这些集团或多或少带着些贵族的色彩，在这些集团内部有着紧密的团结性，但同时又相互竞争，因为他们都崇尚着某种荣耀，这种荣耀导致了待遇观念更加被强化。①

这一逻辑与宗教启示的观念同时存在。后者弘扬团体应该因某一共同理想而充满活力，团体应该在某个领导者的指挥下，用某些对所有人都通用的规则进行规范。该领导者可以是预言家，他处事公正并且以身作则。

伊本·赫勒敦以他的世界（14 世纪末）为背景，指出只有这种理想才能在阿拉伯世界中创造出某种形式的团结：“事实上……他们（阿拉伯人）都是一些平民，可能因为粗野、骄傲、野心或者嫉妒，都太具有反抗心理，所以很难接受别人的权威统治。他们很少仅仅只朝着一个目标努力。需要通过预言或者圣洁，用宗教的法律来影响他们，使他们自我节制，洗去他们的嫉妒以及人类的性格特点。这样，由于同处于一个宗教团体中，他们才会更容易屈从他人并且更容易团结起来……当他们中的一名预言家或者圣者号召他们听从主的指示，洗净他们的缺陷，并以美德代替之，让他们一起呼喊，使真理战胜谎言时，他们就会紧密团结从而就形成了一种优势以及皇权。”②在政治史以及约旦现代史中，我们也可以看到，一种具有宗教和道德合法性的权力也扮演着同样的角色。③ 由此可以相信我们所考察到的：人们总是可以依赖这样的权力来克服“部落间的”分裂。

---

① 这一荣耀形式与法国有着明显的区别，在法国，人们不会把荣耀与将工作做得更好联系起来，因为这是工作的职责所在。

② 伊本·赫勒敦，第二章第二十六节，“只有通过某种预言或者圣洁的宗教结构才能统治阿拉伯人”，p. 298。

③ F. Charillon et A. Kassay, “Jordanie: le charisme monarchique à réinventer”, *Monarchies arabes, Transitions et Dérives dynastiques*, Notes et études documentaires, n°5158 - 5159, septembre 2002.

就企业员工而言，宗教启示观是一个很重要的因素，通常很少影响到企业内部的操作。[①] 但是当企业内部形成一个道德团体，在这个团体中最高层与最底层人群之间的差距已经越来越小时，企业就会发展壮大。企业内存在一些定义明确、明令公布且对任何人都具有效力的规章制度；上层人士自觉融入底层人群，将后者纳入到自己的关心范围之内，访问他们，尊重他们的权利，概而言之，上层人士关注底层人士的存在，这种现象见证了世界的变化。每一个人，不管他的职位有多卑微，都有不受蔑视的权利，通常被蔑视的永远是位于底层的人群。

在这种宗教观念下，分歧很难产生。按照《古兰经》[②]构建起来的宗教视角来看，分歧甚至辩论都是不被认可的行为："不要自己分裂"（第三章，第103节）；"你们不要像那样的人：在明证降临之后，自己分裂，常常争论"（第三章，第105节）；"说：'真主。'然后，任随他们在妄言中游戏"（第六章，第91节）；"魔鬼必定讽示他们的朋友，以便他们和你们争论"（第六章，第121节），等等。观点的不一致以及分歧的产生使人想起部落社会的运行方式，在部落社会中氏族之间互相为敌。在这种社会内部，批评也遭受到同等的待遇，统治方对被统治方的批评被看做是一种"对个人的侵犯"。

相反的，有一种领导是备受推崇的，其借助严谨的道德、对制度的尊重，双管齐下，来消除部落间的分裂，取缔领导阶层的专制，杜绝领导对弱势群体的轻视。并不是说要借鉴西方的民主思想，根据辩论的激烈程度来建立权力的均衡，而是（在中国也是一样，只是形式不同）要建立起一种好的权

---

① 在约旦情况并不是如此。所以，根据克利福德·格尔茨（Clifford Geertz）的说法，在摩洛哥，"日常生活的基础已经得到了充分的保证，因而也就产生了对理性主义的至高崇拜。而对宗教的重视仅仅只对人们的某些行为产生有限的影响，以致我们在社会上可以看到一些粗暴的行为，例如在商业活动以及政治场合里，这些粗暴的行为让我们想起在某些美国流氓身上可以看见的一种专业的暴力和个人崇拜的讽刺结合。"（Clifford Geertz, *Islam Observed. Religious Development in Morocco and Indonesia*, The University of Chicago Press, 1968, p. 112 - 113；法译本：*Observer l'islam. Changements religieux au Maroc et en Indonésie*, La Découverte, 1992.）

② *Le Coran*, Gallimard, coll. "Bibliothèque de la Pléiade", 1967, traduit par Denise Masson.（引文按中国社会科学出版社 2003 年马坚译本。——译注）

力，一种具有亲和力的、适时的并且稳固的权力。

结　语

在约旦，拉法基需要在当地子公司中采取行动，消除领导与员工之间的沟壑，取缔裙带关系，杜绝权力专制。在约旦的子公司，目前的期望便是能够出现关心员工命运、道德上严谨自律的领导人。这些领导人应该起到监督作用，确保所有的规章制度清晰详细，且对每个人都具有约束力，务必使所有人都严格遵守企业的规章制度。受到伊斯兰宗教观念的影响，这种期望同时包含某种对极端团结的渴望。但是企业内部的"部落"观念与这种渴望格格不入。"部落"观念已经对企业内部的日常运转产生了严重影响。介绍改革小组推出的改革框架，能够使他们事先感受一下这种改变——无论职位高低，所有人都将被得到充分认可。我们热切希望这种良好的共同生活的参考方式能够对企业的日常工作和生活有所启发。

第四章
地方认同形式的多样性：一项调查

“明日领导者”计划旨在对各子公司传播集团的《行为准则》，并激发对相应价值观的认同。计划推行后，针对全体员工进行了一份问卷调查（员工反馈调查），旨在明确员工对计划的反馈，涉及员工所感知的企业对待员工的方式（安全、对所作工作的承认、报酬等）、个人工作安排或自身对企业的投入。

调查为每个问题提供了大量的数据（几十万条）。这些数据显示出国别不同而造成的答案差异；还表明了各国内部因不同标准（地点、工种、职位、性别、工龄）导致的答案差异。

分析问题得分（各提议得到调查对象赞同回答的百分比）并非易事。确实，答案受到多种因素影响，其中，调查对象的具体客观经历并不是唯一参考因素；问题在其所在社会与文化背景中引发的具体联想对答案也有影响。当人们被自己所属企业提问时，表达方式的社会标准也会产生影响。调查无法分析这些因素。但从我们的角度来看，比较多国数据并非没有价值。它至少表明有关员工与企业关系的传统观念——这种观念经常无可争议，在何种程度上受到具体文化背景的影响。①

我们将注意力集中在两组国家的调查数据上：一组为法国和美国，集团主要根基在这些国家，并且这些国家可代表西方世界；另一组为中国、约旦和马来西亚，集团进入这些国家的时间要晚得多，而且我们对这些国家已进行过一些调查，这有助于分析数据。在分析了数千数据后，我们得出了几个具有广泛意义的(多项成果涉及相关子公司运营中具体之点，在此不再赘述)结论。

首先，某些“显而易见的事实”关乎员工对企业政策的认同，其建立在西方国家经验之上；但这些事实一旦走出西方国家就失效了。比如，认为高管对企业、企业价值观和政策有更强烈的归属与认同感，这种观点在美国、法国的调查结果中确实得到证实。但这个观点基本不符合我们在中国、马来西亚或约旦的观察。同样，我们没有发现对企业和企业政策的基本肯定(所以，我们可以理解为促进政策实施的意愿)与企业归属感之间存在简单普遍的关系。

其次，即便在同一个国家，在不同的生产单位，员工对企业的态度也极为不同。定量研究表明文化影响远不能导致态度程式化，这一结果即是其例证。任何文化上的必然性都不能禁止管理层尽力在多种态度中选择最有利于企业发展的态度进行推广。

最后，我们将考察该项目的总体反应，项目本旨意在员工中推广企业价值观。我们会看到，法国的怀疑主义何其与众不同。意识到这种特殊性，应能促使跨国公司的责任人更加注重实施此类他们可能不会自发开展的项目。

一、员工对企业与企业政策的认同；文化逻辑

人们通过观察老工业国家，分析企业政策认同要素，从而形成一种观

① 另外，同一家调查机构在同样环境下在其他企业进行调查，与拉法基内部的调查结果进行对比，从整体上来看结果明显有利于拉法基。比如，在最能揭示对企业总体态度的问题上——“我为我工作的企业工作感到自豪”或“我对我的企业有强烈的归属感”，法国拉法基水泥得分要比法国其他企业平均分高出二十多分。

念；而企业动员员工的手段一般建立在这种观点之上。有关认同文化层面的认识仍很薄弱。但是，调查表明文化层面至关重要；职位级别对企业总体态度的影响尤其涉及在内。感觉待遇良好与对企业奉献之间的关系也同样与文化背景有关。① 在这两种关系中，在美国和法国，我们得到的答案与通常的员工企业关系观点一致：职位越高，越是对企业持肯定的态度；员工待遇越好，工作越是投入。但马来西亚、中国和约旦员工的答案并不符合这个观点。这促使大家关注企业与员工关系的多样性，这种多样性本身由在企业工作意义的多样性所决定。②

职位级别与对企业和企业决策的认同

根据最常见的企业观，员工越是身居高位，越会把自己和企业同化，支持企业政策。高层领导干部比普通干部更强烈地把自己视为企业的一部分，普通干部则比工人更强烈。工人经常被看做是天然质疑者，在提及劳资关系管理固有的困难时，人们就想到他们。

在美国、法国搜集的调查数据与该观点一致。在这两个国家，涉及对自己企业基本看法或对企业、企业价值观认同程度的问题，答案近乎系统化：职位越高，回答越肯定。但马来西亚情况相反，在中国和约旦我们也未观察到这种简单关系。这意味着在这些国家，企业与员工的关系不同于传统观点。

---

① 通过这些答案，我们也清楚地发现了其他问题，尤其在企业关系总体风格方面。总体上，马来西亚肯定回答率极高，极为与众不同；这并不是因为高分居多，而是因为没有真正的低分。另外，还有相当数量的中性答案，甚至是对那些肯定回答率相当高的问题也是如此。与企业关系方面，人们主要考虑融洽与否，并带有一定的中性色彩，这与地方文化保持了一致；而约旦在个人与企业关系方面则感性很多，无论态度是肯定或是否定。

② 诚然，数据自身并不足以使大家理解每个国家回答的特有逻辑。但是一旦我们拥有了足够的知识，可以了解塑造受访对象精神世界的文化，这种理解就成为可能。在这一点上，此类调查和走进受访者精神世界的定性调查手段有良好的互补性。

我们可以通过研究几个具有特殊意义问题的回答，比较高层干部(senior managers)和工人(workfloor)的得分(即肯定答复的百分比)来更好地认识国家间的差别，这些分数差异体现了对企业态度的差异。

美国和法国的情况可称之为“传统”。

比如直接反映与企业总体关系的问题，“我对我的企业有强烈的归属感”(英语为 I feel a strong sense of commitment to my company)①，高层干部与工人以及两者之间的差距如下：

	北 美②	法 国
高层干部	90	97
工人	60	74
差距	+30	+23

在美国，和在法国一样，高层干部的分数比工人的分数要明显高得多(美国+30，法国+23)。

在一系列体现个人对企业看法的问题上，高层干部与工人的答案也有同类差别：

“管理层通过他们的日常行为证明安全是他们的最优先考虑。”

“当我很好地完成了工作，我会得到回报。”

“自‘明日领导者’计划施行以来，我观察到领导我的方法得到了改善。”

在每个问题上，两国高层干部分数都比工人分数高(法国+19，+45，+14；美国+29，+48，+18)。

马来西亚的情况则完全不同。上述四个问题，高层干部得分比工人低，

① 问题的英语版本和法语版本意义有差别：英语 commitment 远不是法语 appartenance(归属——译注)的对等词汇。两版行为准则的问题又再次出现(并且，我们有可能在两个版本问卷间系统地进行同样的比较)。对答案进行分析，考虑词语在文化中的含义十分重要，因为词语正是在文化中找到参照。

② 美国的相关结果和加拿大子公司的结果一起收入于《北美》全集中。鉴于美国在全集中的重要性，可把全集中的相关结果同美国的社会关系形式联系起来。

有时还低很多（分别是－3，－2，－3和－17）。

怎样理解答案总体基调的差异呢?[①] 文化不同，职位对个人与企业关系的影响不同。

在法国，高层干部对企业的归属感几乎是自发的。在某种程度上，他们是企业的化身（参见法语版《行为准则》）。美国高层负责人对企业的忠诚也是同样。在这两个国家，成问题的是工人与企业关系；批评企业界的强大传统深刻影响了此类关系。此外，身居高位者对自己企业持肯定看法，这更为合乎情理，因为在民主背景下，劳动者处于一系列上级领导之下，这与其平等于任何其他公民的自由公民地位产生了矛盾，影响了个人与企业关系。

同时，工人在美国的情况比在法国要更多样化。在法国，从总体上说，承认与企业目的保持一定距离是工人文化的一部分（工人做自己的工作而不是为企业服务）。下级对所属企业表现过分殷勤并不是一件光彩的事。并且，"归属"这个词本身，只有在下级把企业看做是劳动者群体时才谈得上，如果仅考虑管理层和股东，归属根本无从谈起。在美国，如果是在一个具有鲜明集体色彩的企业，工人对企业会有强烈归属感，但在一个合同逻辑严格，并且劳资关系紧张的企业，工人的归属感就大打折扣了（下面讨论同一个国家内不同工厂之间答案的差异时，再论述这一点）。

在马来西亚就不会看到工薪劳动者定位与民主社会自由公民身份之间的矛盾。在上级权威下工作，这并不是原则性问题。如果赞扬自己的企业，不会被看做是"阶级归顺"，或是"汤姆叔叔"那样的举止。在一项调查中[②]，我们收集到以下观点："在人们的世界观里，尤其对马来人和印度人而言，你要遵守由你所尊敬的人制定、决定的所有一切。无论是在家里、群体中还是在企业里。这就是人们认为应该遵守老板所有指令的原因……我们应该遵

① 在法国，对于所提的38个问题，法国高层干部只有一个问题分数低于法国平均分，分差微乎其微。工人只有3个问题高于法国平均分，从统计学来看，分差同样微乎其微。

② 调查由让-皮埃尔·赛加尔（Jean-Pierre Segal）进行。

守,并且我们应该积极执行所有命令……”“Commitment”(承诺)这个词对应一种自发的企业关系。这并不意味着人们对所属企业要求较低,只是与西方国家相比,要求类型不同而已。

只要我们走出西方国家,一般来说,职位等级对肯定回答并无系统影响。在中国、约旦,根据问题的不同,高级干部的回答,有时候比工人肯定,有时候不如工人肯定。①

归根到底,认为职位越高,对企业的看法就越肯定(或者,同样地,职位越低,肯定的越少)的看法可以在西方社会标志性的社会关系中找到根源。这是因为在西方社会中,平等是基本的价值观,以至于很难为下属地位找到一个可以接受的意义。在其他文化中,心理认知解读却是不同的。

满意度与归属感

我们可以相信,独立于文化之外,在以下两者间存在一种机械关系:一方面是每个人对企业政策以及对直接领导对待自己方式的满意度;另一方面是个人所表现出的企业归属感。的确,在法国或美国这样的国家,很容易观察到这种关系。当我们比较不同职务等级的反应,观察劳资关系基本和谐机构中的多种反应时,都可以确认这一点。可能在其他欧洲文化的国家,我们也能找到这种关系。但是,当我们扩大观察领域时,事情就不是这么简单了。由于文化差异,企业归属方式也极其不同。此外,不顾具体文化环境,而使用“归属”这一术语来探讨员工和企业的关系,是有问题的。我们已经看到,法语版问卷和英语版用词“commitment”(承诺、奉献)大不相同。使用通俗词汇(“归属”)来指代某一外国文化所特有的、和我们经验完全不同的关系非

① 在中国,高层干部对归属感(+11)和对工作出色完成会得到回报(+24)做出了比工人更为肯定的答复,但有关“明日领导者”计划对自己被领导方式的影响的认可不如工人(−22),有关安全问题的回答,则没有差异。在约旦,高层干部对前两个问题的答复要更肯定(+9,+18),但对后两个问题,他们不如工人肯定(−15,−32)。

常有欺骗性。从某些问题的答案中，我们找不到一致性；通过它们也不足以弄清其他文化中与我们所谓的归属感基本对应的东西。但是，这至少可以促使我们讨论该领域的问题，并努力通过其他手段来得到更清楚的认识。

约旦员工的反应很明显说明了这一点。对于“当我很好地完成了工作，我会得到回报”的问题，在我们调查的五个国家中，他们的分数是最低的，而对于“我对我的企业有强烈的归属感”的问题，他们分数是最高的。高层干部的反差尤其令人震惊。对关于工作回报方式的问题，他们的肯定答复是0%，而对企业归属感的问题，他们的肯定答复是100%。所谓的对企业忠实与其对企业对待他们的方式的反应无关。声称受到了不良待遇，仍强调对企业的认同感，这在法美两国是耻辱之举；在政治和社会关系方面，在法美两国会被诠释为顺从和归化，具有耻辱性。而在约旦，这会提高身价，因为这种行为在道德忠诚方是有意义的。在所谓“部落”逻辑盛行的文化里，归属占据首要地位，它与个人感受无关。如果不强调归属的自豪感，哪怕身边同族发生了悲惨之事，都是背叛同族，贬低自己。①

我们在法国，特别是这次在工人中，观察到同样的现象，只是强度稍弱。在工人中，对“我对我的企业有强烈的归属感”的肯定答复占74%，而对“当我很好地完成了工作，我会得到回报”的提问，肯定答复占26%。对企业具有高度归属感，也许至少把企业不加区分地等同于全体劳动者、股东和领导层，这不妨碍对领导层批判的看法。

在中国，情况截然相反：归属感问题得分最低，而对“当我很好地完成了工作，我会得到回报”②的问题，中国是得分最高的国家之一。正如我们

① 我们可以把这个结果与之前摩洛哥的一个调查结果相比较。员工们对与自己工作相关的一切非常满意，并对企业有极大的认同，企业被看做一个生活集体，但在涉及个人情况时，肯定答案就少得多。我们甚至发现有抱怨，这些抱怨以法国人的观点来看，与访谈的其他部分不协调。(Philippe d'Iribarne, “Qualité totale et islam à Casablanca”, *Le Tiers-Monde qui réussit*. 参见前文注释。)摩洛哥虽然不如约旦那么突出，归属感问题的回答比工作回报问题的回答的相对分数(与其他国家相比较)要高得多。阿拉伯世界可能有着某种共同的东西。

② 高层干部，对“归属感”问题的回答(—8)甚至比对工作回报问题的回答得分还要低。

调查所示，拉法基脱离了建立在重视关系的个人关系网（关系）基础之上的传统中国企业模式。个人与企业的关系偏工具性，个人在企业中有发展的可能。在个人发展这一点上，拉法基受到好评，但是并不能成为归属感的源泉。另外，在进行调查时，员工对企业在中国的未来，对企业在中国发展的现实并不确定，这更加强了与企业狭隘的工具性、偏短期的关系，这种情况影响了对归属感问题的答复。

有时跨国集团的中国子公司员工的反应令人惊讶，要理解这种现象，就要考虑上述因素。经常有一些干部，表面看来对他们工作的企业非常满意（“他们的”企业这种说法，也许是强加给他们的一种企业关系，并不能正确反映他们的经历），一夜之间会无任何征兆地离开单位。这种做法令法籍负责人非常惊讶，他们认为企业归属感就像某种效忠关系，一定程度的忠诚是必然的；关系虽然紧张，但只要尚未决裂，这种忠诚就可以维持。意外的离开让人震惊，尤其按照法国人的理解，他们认为当事人是为了多赚几个美元把自己卖掉。但在中国人眼中，这毫不令人惊奇，十分正常。

中国没有归属感的满意度，约旦没有满意度的归属感，二者使我们发现，在美国有偿服务与集体融合为一的形式、法国高尚的效忠形式之外存在其他归属形式。

通过调查，多样的归属形式可窥一斑。在设计员工政策的时候，要多考虑这种多样性。最好不要认为无论何地高级干部自然具有归属感，因此无需注意；也不要认为创造令人满意的工作环境就可保证各地员工的忠诚度。

二、文化，社会氛围，与企业的关系

在同一国家内部，不同工厂对同一问题的答案可能大相径庭。这说明文化特性对答案的影响；人们通常认为一种文化会导致单一的社会关系，带来俗套的回答。文化决定的是某一国家社会关系的类型。相应地，对于同一片国土上共存的多种运行模式，共享文化的存在并不阻碍管理层优待某一运行模式。我们在法美两国的发现重新被赋予重大意义，也许是因为两国的合作性社会关系实施起来极为微妙，宛如炼金术。

与企业关系和与工作关系间的法式分离

在法国，根据问题类型，不同工厂回答之间差别很大。比较两家工厂的分数以及分数差距，可明显观察到这一点，一家答复特别肯定（Saint-Paul-le-Château①），另一家肯定答复要少得多（Bray）。

有关对企业行为、企业领导层、企业整体运行质量评判的问题，答案的差异最为明显。比如以下问题："管理层通过他们的日常行为证明安全是他们的最优先考虑"（Saint-Paul，+41），"我拥有必需的资源来为我们的外部客户提供优质的产品和服务"（+36），还有"关于拉法基道路，我认为管理层的行为遵守了企业的价值观"（+22）。

相反，涉及调查对象及其工作方法的问题，我们未发现同样的差异。比如对"我的工作如何促进公司目标实现"，"我的工作对我们提供给外部客户的产品和服务质量的影响"这两个问题，回答"我明白"的数量基本相当（有着几分的差距，从统计学上来说无足轻重）。

关于企业的归属感问题，则属于中间情况："我对我的企业有强烈的归属感"（+15）和"我对能为我的企业工作而自豪"（+10）。两个工厂对后一个问题的肯定答复度特别高（89 和 79）。

最后，在两家工厂中，问题"当我很好地完成了工作，我会得到回报"得到肯定答复的比例同样低（分别是 32 和 30）。

在法国，企业领导层、个人工作、被视为一个整体的企业，三者区分明

① 对提到的法国和美国工厂，我们均使用化名。

确。个人与三者的关系之间关联较弱，这是法国企业归属感的特色。对领导层基本否定的看法，并不妨碍员工积极工作。这种否定看法，并不影响自己作为企业、员工一份子的自豪感，但与领导层无关。另外，即使与企业关系再好，因“回报”而上心工作的想法也令人不适，这种想法并不光彩（在问卷中使用“回报”这个词，即使在语言方面正确对应了美式英语的“rewarded”一词，但从文化上而言，无疑是生硬的翻译）。

这难道意味着每个人对工作的热爱之情、做好本职工作的愿望是如此强烈，以致各生产单位的氛围对其运行方式没有任何影响？这样的结论是夸张的。虽然调查提供的观点数据无法使我们了解各工厂的实际运行情况，我们还是注意到各部门间的合作在 Saint-Paul（63）比在 Bray（49）得到较多的肯定答复。而在法国背景下，这种合作的质量正是高效运转的棘手问题。[①]

美国：在严格的利益关系与共同体性质企业之间

在美国，同一企业不同工厂的回答差异比法国还要大。并且，因牵涉不同的好、坏合作形式，答案差异的性质也与法国不同。在美国，建立在专业能力基础上的个人独立工作的自豪感不是参考依据，而合同关系的公平原则以及具有相同价值观的共同体中的生活，二者结合才是参考依据。在美国，从对企业和企业目标强烈的归属感（参见 Peters 和 Waterman[②] 所赞扬的具有共同体逻辑的“优秀企业”，比如 IBM 等）到与企业对立——难以逃脱对立关系的美国汽车工业即为一例，各种关系都存在。如果说在第一种情况下为企业成功努力是正常状态的话，那么在第二种情况中，个人与企业的关系则更偏向纯粹的工具性关系。

---

① Jean-Pierre Segal, *Efficaces ensemble*.（参见前文注释）

② T. J. Peters & R. Waterman Jr., *In Search of Excellence*, Harper & Row, 1982.

为了解可能存在的差异及其背后逻辑，我们找到了两家工厂，它们的回答形成鲜明对比：一家是 Bowling Green，回答非常肯定；另一家是 Woodson，回答明显否定。我们依旧着力分析两厂在某些问题上的分数差异。

有关管理方式问题，回答差异明显："管理层通过他们的日常行为证明安全是他们的最优先考虑"（+46），"关于拉法基道路，我认为管理层的行为遵守了企业的价值观"（+59）。"我拥有必需的资源来为我们的外部客户提供优质的产品和服务"（+60）。

在法国，关于个人工作的问题，调查对象的回答与其对企业及领导的评价无关，但在美国则不是这样。"我非常明白我的工作如何促进公司目标实现"（+32），"我明白我的工作对我们提供给外部客户的产品和服务质量的影响"（+34），对这两个问题，Bowling Green 和 Woodson 的答案极其不同（而 Saint-Paul 和 Bray 这两家工厂的答案是相同的）。法国在企业归属感问题方面差异不大，在美国则有很大不同，"我对能为我的企业工作而自豪"（+34），"我对我的企业有强烈的归属感"（+41）；而关于"我的工作组和其他工作组合作良好"的回答，不同企业的答案差异大大（+53）超过法国。

和法国不同的是，在美国，"当我很好地完成了工作，我会得到回报"（+51）这一问题的答案和对企业及领导的评价密切相关。而在法国即使员工和企业维持最佳关系（需要强调指出的是，在答案最为积极的企业中，在此问题上，只有 32% 的员工作出了肯定回答），员工也不乐于承认他们得到了"回报"，在美国情况则完全不同。在 Bowling Green 公司，74% 的员工都做出了肯定回答。

而对有关目标和出色工作衡量体系方面的问题"我清楚地确定了我的工作目的和目标"，调查结果差距则较小。关于此问题，法美两国仅仅相差 10 分，肯定回答率都很高（72%）；但就调查总体而言，此方面问题的反馈并不积极。

此外，我们发现，如果相信调查结果的话，Salt Fleet 公司运作方式合作性极高，丰富多变。在涉及集团方面的问题上，该公司的得分比 Bowling Green 公司要高。① 但在有关个人佳绩衡量和报酬问题上，得分则较低。②

由此可见，管理层和员工之间可以有极其多样的关系。一方面，如 Woodson 公司，双方关系信任度较低，但这并不妨碍建立一套目标和评估体系，以保证合同关系中最低程度的公平。但另外一方面双方关系也可以非常积极，有两种不同范例：一种如 Bowling Green 公司，建立了一种合同性质为主导的积极关系，极其注重对个人佳绩进行评估和奖惩；另外一种如 Salt Fleet 公司，其更具集体特点，注重集体和共同价值观，因而嘉奖个人和个人表现沦为第二要义。③

三、对“明日领导者”计划的反馈与典型的法国特点

“明日领导者”计划旨在子公司内传播集团价值观，调查中有三个问题直接涉及调查对象对该项目的反馈：自“明日领导者”计划开始以来，我发现

——我的工作方式有所改善；

——我被领导的方式有所改善；

——我与他人一起工作的方式有所改善。

对第一个问题“我的工作方式有所改善”的回答，各国差别最大。对于我们调查研究的五个国家，按照总体、高层领导（senior managers）和工人（workfloor）三类，我们对回答的分值进行了平均，肯定回答的百分比分别如下：

---

① “关于拉法基道路，我相信其价值观得以清楚宣传”（+21），“在我们公司，我们总是会庆祝我们的胜利”（+26）。

② “在我的工作团队中，有指标来定期衡量我们的表现”（−22），“我了解我的表现是如何被评价的”（−24）。

③ 中国和我们在美法两国观察到的现象不同，各工厂调查结果差别甚小（数据上相差微乎其微）。马来西亚和约旦差别大些，但依旧不明显。对这些差异，我们没有找到清晰的解释，也许是因为我们对相应企业的了解远不如法美两国企业。

	北　美	法　国	中　国	约　旦	马来西亚
总体(%)	30	16	71	49	76
高层领导(%)	38	24	69	27	60
工人(%)	24	15	73	62	84

总体来看，肯定回答率在法国非常低(16%)，在马来西亚(76%)和中国(71%)则很高，约旦(49%)和美国(30%)为中等。①

法国的分值尤其让人震惊。从工人(15)到高层领导(24)，所有职员的回答分值均极低。而工厂的得分甚至更低：Bray 公司 14 分，Val-d'Uzès 则只有 3 分。即使整体回答极其肯定的 Saint-Paul-le-Château 工厂，得分也没有超过 20。考虑到这一问题并不严苛(只是关于简单的改变与否问题，而不考虑改变大小)，这种结果就更显得触目惊心。

我们本以为美国的肯定答复率应该是最低的。让美国人承认法国总部的项目改变了他们的工作方式，这并非显而易见。在拉法基集团，美国员工长久以来表现出"鲜明的地方主义和相对有限的集团归属感"②，但即便如此，其答卷分值明显高于法国。此外，答卷总体基调显示出非常良好的社会氛围，大多为肯定回答(Salt Fleet 为 50，Bowling Green 为 65)，在法国从来没有出现过这种情况。

但法国企业对"明日领导者"计划的怀疑并不意味着对企业领导缺乏信任。相比"明日领导者"计划改变个人工作方式问题，对"关于拉法基道路，我认为管理层的行为遵守了企业的价值观"这一问题的肯定回答者极多③(但基本上其他国家两个问题的得分一样)。如果我们调查的大部分法国员

① 在"我被领导的方式"改善和"我和他人一起工作的方式"改善问题上，回答也接近于此。法国在三个问题表现出同样的特点，而中国、约旦和马来西亚对三个问题的回答则差别更大。

② Bertrand Collomb, "Entreprises internationales et diversités culturelles."(参见前文注释)

③ 在这两个问题上，我们发现法国得分总体分别为 4 和 16。职员分值差异更大，高层领导分别为 82 和 24，工人分别为 46 和 15。工厂分值差距也很明显，Saint-Paul 分别为 63 和 20，Bray 分别为 41 和 14。

工认为“明日领导者”计划影响甚微的话，这并不是因为领导层没有以身作则，而是因为各人的行为准则不同于领导层的范例。无论员工和企业关系如何，我们应该坚持承认我们主动完成工作和企业的竭力指教无关。[①] 在法国，在企业范围内过分谈论价值观并不适宜；这可能会影响人们对推崇价值观举措的反应。[②]

在法国，这种避而不谈的态度可能会导致受访者淡化实际发生的变化，而在其他国家情况则相反。即便那些受“明日领导者”计划影响改变了行为方式的人也默不作声。另外一方面，在各种层面上对“明日领导者”计划之类的活动持保留态度，也会减弱由此引发的变化。

美国的情况有很大不同。骄傲承认建立在专业能力基础上的自主性并不占主导地位。如果和公司保持良好关系，工作方式因受公司影响而发生变化，对于如实说明这种变化，人们的保留态度要弱于法国。在一份关于“明日领导者”计划调查的英语总结中，编辑们(咨询师)提及调查对象对“明日领导者”计划的态度，毫不犹豫地对真正的信徒(true believers)、局限信仰者(limited faith)和怀疑者(skeptics)进行了区别。在美国人们很自然地用宗教词汇来谈论公司活动，而在法国几乎无法想象，除非是仅仅局限于美国文学翻译。

此外，对于这种举措，很多国家反应都和法国截然不同；我们在分析有关“明日领导者”计划的问卷调查时，清楚发现了这一点。对有关工作方式改善的问题，各国总体肯定回答率分别如下：中国71%，马来西亚76%，约旦49%。在中国，指明方向是领导应有的职责，而正如调查所收集的话语

① 在法国，在一定程度上涉及“我了解我的工作”问题的得分相对要高于有关“上司指导了我的工作”的问题得分(相对其他国家)。在法国人们凭借自己的能力主动完成工作，并以此为参考，而各角度下相似问题答复的差异也因而得以显现。“我们了解外部客户的需要”这一问题得分比所有其他国家得分都高(+4)，而关于“我接收到关于外部客户满意度的信息”这一问题，情况则相反(−5)。

② Philippe d'Iribarne, “La légitimité de l'entreprise comme acteur éthique aux États-Unis et en France”，引用文章。关于明确宣传价值观的问题(“关于拉法基道路，我相信价值观为雇员指明了方向”)在法国得分较低(40，比其他国家平均分低26分)。

所示，“明日领导者”计划完全被纳入其中，这有利于人们严肃对待该项目。而在马来西亚社会中，基层尤其期望上层下达指令。在约旦，和其他问题情况相同，高层领导肯定答复率较低（27%），也许这是他们骄傲地与外企保持距离的表现；但工人情况则非如此，他们对领导他们的人有很高的期待。

结　语

关于企业和员工关系，存在一种标准观点，其源自对西方国家的观察和思考，难以适应世界很多地区的现实。这是我们从调查中得到的主要教训。这种标准观点和法国及美国的调查结果契合（更广泛而言，也许和西方社会的调查结果契合）。在这些国家，服从的劳动者与民主社会中人人平等的市民，两种身份的结合会引发问题，尤其当人们处于等级制度的较低层，感觉在企业中受到恶劣待遇时。在同一个国家内，因地点不同，相应难题的解决方式也极其不同，而由此产生的合作模式也极其不同。相反，在我们感兴趣的亚洲国家（中国、马来西亚、约旦），我们并未发现隐藏有从属困难的情况，不管上级行为如何。在这些国家，企业融合方式各有特点，形式多样，决定着因文化而异的敏感点；而员工对企业的参与度，以及其对企业成功的贡献皆取决于此。

在中国，企业更被视为一种工具，给每位员工提供自我发展的机会，这一点至关重要；一旦员工在其他企业找到更好的发展机会，我们就不能指望他继续忠诚于原企业。相反在约旦，员工对企业有很强的归属感，而相应地他们对所受到的待遇非常敏感，可能会引发对企业极端负面的反应。在马来西亚，员工尤其是基层对高层指导抱有很大期望，因此领导问题尤为关键。

此外，应小心用若干数字描述文化特征，我们的调查进一步证明了这一点。但有关文化在企业管理中作用的学术论著充斥着这种做法；而企业为领导层提供跨文化培训时也大量使用这种方法。[①] 正如我们在法国和美国所观察到的，在同一个国家内部人们反应极其丰富多样，证明同属一种文化远不会带来态度和行为的统一。文化带来差异，尤其影响到企业和员工之间关系的多样性；因此，无论是合作良好的关系还是合作程度甚低的关系，其形式皆由文化决定。而涉及企业和员工关系，在其合作程度高低方面，文化不含任何必然因素。而从管理角度出发，考虑到这种多样性是关键所在，同时对有利于企业良好运转的态度和举动要进行鼓励；但如果信奉各国内部态度、举动同一的文化观，我们就不会这么做。

此外，文化融入企业的特别方式正是文化特点所在，而企业有自己的逻辑和严密性。在问卷调查中，回答的逻辑联系尤其严密，企业逻辑从而得以显现，正如拉法基集团的做法。如果我们想从此种举措中吸取合理的教训，必然要考虑这些逻辑。如果对其弃而不用，我们就会可能因为“坏”分数而急于谴责相关实体，或因“好”分数而匆忙狂喜，而对回答真正的要义却进行回避。从强调一国答案的具体特征，到理解这种特征，过程依旧很艰难；而调查对象的意识世界是如何认识问题的，对此我们并不握有数据。对此类问卷进行阐释分析，需要借助方法才可进入意识世界。

最终，这一重大教训关乎法国人。他们对企业任何用于传播价值观的举措皆持怀疑态度，这种怀疑植根于极其特殊的法国工作观点，他们应该警惕世界是比照他们的样子创造出来的想法。

① 这方面的主要参考著作：Geert Hofstede，*Culture's Consequences*，Sage，Londres，1980，2001.

第五章
多样文化中形成的价值观

企业自身价值与各种文化相遇，对这种相遇，我们已经进行过多方面的观察。对相遇的方式该如何理解？何以找到超越文化差异的真正的共同价值观？而此类价值观的共同根源又是如何在不同文化中形成的？

我们通常误把一种文化等同于一整套价值观，要回答这些问题，首先应该澄清这一误解。在关于拉法基企业观的文章中，我们看出三者的紧密结合：一是弘扬普遍价值观，二是对其中部分价值观尤其重视，三是体现西方世界特有价值观的方式。区分这三个方面，有助于我们了解企业如何将普遍价值和文化因素进行统一。我们首先较为宽泛地思考跨国公司状况，然后对普遍价值和文化因素在更广泛范围内的结合方式进行思考，以此延展论题。

一、价值观和文化

文化通常被等同于全部价值观，而价值观引发行为实践。按照这种观念，我们很难想象不同文化中行为各异的人们如何分享共同的价值观。因为文化和价值观各据一边，分属不同领域。[①]

当个人和团体谈及价值观时，其所参照的是一种理想，一个期望中的世界。他们器重的这些价值，现实生活中结合起来将会困难重重，而对此他们无需考虑。在价值观领域，人们会自动参照宽容价值和团结价值，却不考虑这些问题：现实中将这些价值结合起来是否困难？在对多样化较为宽容的社会（印度、美国），各团体多多少少和平共处，而其团结一致的程度是否较为薄弱？相对团结一致的社会（斯堪的纳维亚国家）在日常生活中对多样化是否也体现出些微宽容特征？谈及理想世界，我们会自动联想起众多成双成对的价值观，如自由和平等、追求卓越和尊重弱者、个人和集体、流动和扎根，等等；却没有考虑过在现实世界中，如何以其中一种为中心，同时又不损害另外一种。克服了这些矛盾的社会只存在于乌托邦。

当我们谈及文化时，又面临同样的问题。我们接触到社会生活的总体观念，价值观依旧存在其中。价值观在一定程度上互相对立，寻求和解则是中心所在。和解必然意味着妥协和权宜措施，作为参照的价值观并没有被遗忘，但皆受到一定限制，以便在得以体现的同时不妨碍追寻其他价值观。极端价值观让步于实际的和谐一致要求。在各种难以融合的价值观中寻找妥协，而特定的寻找方式正是各文化的特点所在，妥协本身也和价值观的特定体现观念相关。因此，自由和平等彼此限制对方。如果我们思考一下盎格鲁-撒克逊国家、德国和法国的例子，我们将发现不同背景下，各国用来调解事实上极其相对的自由和同样相对的平等的方式各自不同，而每种方式都有其自身的逻辑。[②]

而拉法基集团的准则，无论是美国版本还是法国版本，皆同时涉及文化和价值领域。一方面，我们从中可以找到全部完整价值观，也可略见融合各

---

① 多元价值观和多元行为并存及不断演变，这是现代社会的标志，但现代社会依旧具有共同和长久的文化，菲利普·迪里巴尔纳对此进行了深入的分析。*Penser la diversité du monde*，Éd. du Seuil，2008.

② Philippe d'Iribarne，"Trois figures de la liberté"，*Annales*，octobre-novembre 2003，et *L'Étrangeté française*，Éd. du Seuil，2006.

种价值观的困难所在。如果部分价值观得到强调，另外一些难以和前者结合的价值观也同样得到重视。另一方面，在特定法美文化背景下，价值观的体现方式初现雏形(美国版和法国版存在细微差别)，而准则正是在这种背景下制定的。管理方法受到集团价值观启发而生，当观念产地国之外的国家接受这种管理方法时，我们会发现极其明显的程度差异。一方面集团携带的价值观会受到积极、有时甚至是热烈的欢迎；另一方面这些价值观的形成方式和其原产地并不相同。

普遍价值观

对类似所谓普遍价值，拉法基准则着墨甚少，只有两小段文字。一方面："勇气、正直、责任、尊重他人、集体利益优先，这些价值是我们的管理哲学基础"；另一方面："尊重全体利益、思想开放、对话、诚实、信守承诺，是推动集团和合作者发展的基本道德观"；但无处不暗含对这些价值的参照，无论其关乎对个体的承认抑或团结或共享。

对统一的集体进行参照，这在准则中占据中心地位。指出中心价值并非自然而然，如果其并非文化标志，我们将无从下手。但通过一系列术语，我们可以指出其内容所在，这些术语揭示了价值的众多方面，如关心他人、分享、团结一致、善意、齐心协力等。拉法基集团对中心价值非常重视，从而表现出其特有的选择，令其他企业望尘莫及。拉法基创始者的基督教人文主义思想是集团文化的标志，影响可能由此而来；集团内部成员之间的关系也与之相关，企业和合作者的关系也与之相关。

"分享"一词被反复提及："建造一个组织，在组织中我们的专长和经验可以对所有人开放、分享"，"鼓励我们的合作者分享他们的经验"，"创造一种环境，大量开放信息，自发共享信息"，"我们期待合作者能够分享他们的经验，彼此互补，丰富对方"，"分享我们各地大大小小的成功经验"，"分享知识”,“全球范围内分享经验”,等等。分享和互相支持相辅相成:“我们希望推广这样一种环境,每个人、每个团队在其中都可以互相支持,并被整个组织支持”。期待负责人“帮助面临困难的人员”,而对合作者,“必要情况下,希望他们不要犹豫,请求援助”。相应地,这意味着“创造一种工作环境,其中日常关系是建立在信任、尊敬、对话和团体精神之上”,“创造信任氛围”,“在操作工人和管理者”之间开展对话。而在集团和顾客以及股东的关系维护中,同样涉及分享价值观包括与之相关的帮助、信任、忠诚等元素:“与我们的顾客和产品使用者分享所创造的价值”;在更广泛的意义上,企业应该“致力于创建一个更好的世界”,“尊重整体利益”,做“负责的市民”。

我们更发现,拉法基集团绝非将其合作者当做简单的生产工具对待,而是作为人进行关心:“帮助我们的合作者取得成功”,“帮助每位成功”,“给我们合作者全部机会,以发展其才能”,经理人“负责合作者的发展”。

我们还可以发现另一组价值观,其有关对个人的承认,以及面向世界对特殊实体的承认,这组价值观和以分享为中心的价值观共存。

“成为建筑原料领域毋庸置疑的领袖”,“稳固我们的世界领先地位,全世界各地都要做到最佳”,“创造世界领先”。做第一的热望激励着企业整体,但这并不仅仅是一种应对市场压力的方式,也是自身优点所在。热望是雄心之源,应该“使我们所有合作者一起加入我们的雄心壮志”,“动员团队为共同的雄心壮志奋斗”。对自我的认可并不简单意味着自我发展,还包括战胜他人,应该“比我们的竞争对手取得更快速的增长”,“超过我们的竞争者”。

甚至在企业内部,也期望每个人都得到承认和认可:“我们期待每位合作者在实现自己目标的过程中都发挥决定作用”,“希望我们每个合作者能够估量和明白自己行为的影响和后果”。

提倡分享与渴望自我实现,两种价值观如何调和:文化参照的作用

这两类价值观,我们可以分别将之归为集体主义和个人主义,它们在各

种文化中都会相遇。我们似乎可以将其视为普遍价值观。但我们通常会将尊崇个人主义的社会和尊崇集体主义的社会对立起来，事实上所谓的个人主义社会往往有集体主义的一面，反之亦然，所谓的集体主义社会也会有个人主义的一面。[①] 因而，推崇紧密合作，承认个人以及个人胜利，每个社会都应该找到融合这些价值观的方法。[②] 个人主义和集体主义的表现方式和结合方式，二者的互相影响、妥协正是各文化的区别所在。拉法基集团准则并不仅限于宣传价值观，而是设计一条调解之路。因此对超出时空范围的价值观的参照，会让位于特殊的社会观，而这种社会观在文化方面植根于社会，个人与集体在这种社会中（或者在有限团体中，尤其是企业以及社会整体中）在一定程度上达成了和解。

在《行为准则》中，雄心被视为一种价值观，但其会得以引导，与一定社会秩序契合。需要胜利，但不是不择手段的胜利，而是需要遵守规则，不用卑鄙手段，行为的社会价值和质量至上。

企业强调遵守规则："我们承诺遵守国际和国内的规则和标准"，"以数目有限的、知名的、为人遵守的规则为依据"。守则和诚实行为相辅相成：应该"尊重我们小股东的利益"，希望负责人"公正估量结果"。

进行高质量的工作，有益社会，不以损害集体为代价，这才是制胜之道。要"创新"，"表现创造力"，"为经济发展作贡献"。而成功以"能力"、"精力"、"进步的能力、灵活、创造力、创新精神"和产品质量为基础。企业同样"承诺卓越不凡"，"永久自我改善和提升"。激励每个人"超越自我，取得成功"。

---

① 特兰狄斯(Triandis)认为："近年来，社会心理学家进行了多项尝试，以度量个人主义和集体主义倾向，他们发现过程极为复杂；关于集体主义和个人主义的行为方式的因果方面，社会心理学家也创立了一些理论，他们发现一般而言个人同时兼是个人主义和集体主义者。"（作者等翻译）Harry C. Triandis, *Individualism & Collectivism*, Westview Press, 1995, p. 2.

② 在企业领域，这种调解的困难尤其突出，如美国管理非常重视彰显每个人对共同成果的具体贡献，而日本更偏重强调集体。来自日本的生产管理经验，尽管得到美国汽车业的认可，但很难在美国汽车业中具体实施，这生动地说明了个人特质和集体力量之间的张力。James P. Womack, Daniel T. Jones, Daniel Roos, *The Machine that Changed the World*, Rawson Associates, Collier Macmillan Canada and Maxwell Macmillan international, New York, Toronto, 1990.

而在《行为准则》撰写时期，自由派理论提倡的市场优势论在企业界内外风行一时。根据这些理论，人们认为竭尽全力战胜竞争对手和寻找公共利益以及公平激烈的竞争并行不悖，可以“促进经济进步”。

而相应的，有一种偏重集体主义的价值观，并不排斥对个人的积极认可，两种价值观在拉法基的《行为准则》中共存。

对员工的关心主要体现在提供使每个个体得到承认的可能。这并不意味着促进员工与周围世界或平静的职业生活之间的和谐。相反，这意味着永远不断赋予每位员工机会，使其在工作上进步，作为自主人和负责人得到认可，“发挥自己潜力”；“鼓励个人创新”；“赋予每位合作者责任和激发动力的挑战”；“我们坚信赋予他们责任，而非简单地让其执行任务，这是发挥他们能力、创新精神和动力的最好方法”。

此外，“超乎寻常的成功总是团队工作的成果”这种观点是很正确的，但个人根据自己能力和方法所作贡献也会得到强调；借助于“个人的职业素养、个人承诺、分享目标、遵守共同守则”，团队工作才得以“日继一日开展”。

而颂扬团队工作的同时，对个人也留有一定空间，个人可以表达自己的观点无需害怕遭到反对。对于公开表达意见分歧以及与之相关的冲突，拉法基准则不仅承认其是不可或缺的生活常态，同时也承认这些分歧富有成果：“解决冲突是富有成效的团队工作不可或缺的内容。目的并非逐步达成一致，而是通过接受不同观点，将异议作为进步因素进行分析，从而取得进步。”而企业则力图创建一种环境，在这种环境中，“在建设性思想中”，每个人都可以“进行质疑，并接受自我被质疑”。这种观点极其重要，在集团管理本身中起重要作用：“解决总部和分部的紧张状态是集团面对的重大挑战之一，塑造着我们的管理方式。”

由此可见，拉法基《行为准则》将两者结合起来：一方面对于可能会在全世界碰到的价值观进行参照，一方面寻找价值观间的折中途径。这种折中途径是西方社会的特征所在，通过个人的自主性和集体的统一性相契合的方式显示出来。个体自我成功的欲望、个体本我，以及个人对集体成果的贡献，个体对自己观点的维护、对他人观点的批评，这些都应该得到合理承认。无需用歪门邪道来维护自己的观点，也无需等待善良的权力机构来关心自己。社会是个人构成的整体，每个人追逐各自目标，维护自己的观念，但引导其目标导向和公益一致。每个人的行为需要遵守法律和规定，而遵纪守法由法治国家的存在来保证。每个人都应该以民主国家的负责市民身份行事。此外，道德原则驱使个人对其同类赋予一定关心。

美国和法国体现了西方典型社会观的两种变体。承认个体与必须的集体运转，两国对二者的调和方式不同：美国借助于契约关系和道德团体进行调和，法国则是通过一种高贵的忠顺进行调和。但不管如何，两个社会具有共同之处，最终两种版本的《行为准则》得以出台(有时不无困难)，以彰显使价值观得以具现的相似方式。通过拉法基集团的两种表现方式可见其显然是西方企业。

文化之间的转换

企业欲使世界各地的子公司分享价值观，无论使用何种方法，将普遍价值观和文化二者结合起来都是非常必要的。在构想优良管理方法方面，无论如何都难以区别分属普遍价值观和特定文化领域的成分。对于认同的价值，以及这些价值在本土文化中具体的表现方式，人们会很自然努力进行推广。只有通过世界各地员工的反应，我们才可以分清这种混淆，才能逐渐意识到能够基本和不同精神世界产生共鸣之物(和各地主导的优良共处方式基本相容)，并因地制宜。有些价值观对大家都有意义，有可能成为真正的共识(如企业对员工的人道关心)；有些价值观则是世界部分地区的专有现象(如对辩论的重视)；有些则是特殊背景的特点所在(如重视职业人的自主权)。

我们使用模糊的语言表述价值观,我们使用"分享"、"榜样"之类或其他多少有些抽象的词汇,但并不细叙其意蕴,于此提供了一种很好的方法,从而将异同联系起来。词汇在文化中才会真正具有意义,其比照明确的事实、具体的行为方式以及真实的社会生活形态。用抽象的词汇表达价值观时,我们会对其全然赞同,但头脑中联想的具体行为则截然不同;如果我们满足于一起谈论理想世界,很容易超越文化之上,和谐相处,这是语言的特点所造成的。但我们协同组织共同工作时,情况则千变万化,难以预料。

我们在中国和约旦接触到极其不同的文化,二者都不属于西方文化。但相比西方社会,个人同样看重他们的利益和观点;他们对正确权力期望更多。确切说来,他们期待中的权力机构应该公正、体恤民意,而且果敢决断,随时准备通告和倾听,但无意争论;充分发挥表率作用,但也无太过专横之虞。因此在这两个国家,拉法基集团价值观中所有涉及企业、负责人对员工关心的内容得到热烈响应。相反,侧重自由表达观点和思想碰撞的价值观则没有任何反响。

但是,在中国和约旦,公正、体恤民意的权力机构形象也并不一样。

在中国,官僚制度形象占主导。官僚制度管理程序系统,是严格的秩序载体,凌驾于人为干预之上。系统对每个人的行为进行严格评估,帮助个人发展,并毫不留情地处罚过失。领导应该靠近下属,直至其任务完成。

在约旦,地位显赫、具有崇高道德威望的伟大领导形象占主导。人们对他的信任超过行政机构,由其监督遵守法令和决策公正。领导应该靠近其族群,以身示范,对下属工作进行传达、咨询、嘉奖,而并不需亲力亲为。

这是否意味着,在和其发源国文化不同的国家,企业唯一能做的就是令价值观更为明确具体,以和当地文化相容。中国和约旦的例子说明其作用远非如此。在这两国中,权力机构公正、体恤民意,关心权力施加对象的利益,这种意象具有参照作用,但这并不必然意味着企业领导通常习惯坚守于此。在这两个国家,拉法基集团收购的一些企业原貌决非如此,而集团行动使两国某种潜在的理想模式开始真正得以实现。

二、从企业到世界

我们分析了共同价值观与多样文化在公司内部的相遇，这种相遇通常关系到我们的世界——当然会关系到企业界，但也会涉及整个世界，而世界在渴望团结和“害怕文化冲撞”之间摇摆不定。

国家文化与企业文化

关于我们通称的“企业文化”和企业所在国文化的关系方面，有一种主流观点。如果我们相信这种观点，“企业文化”和国家文化属于同一范畴：文化以价值观和共识为基础，具有同一文化者具有共同的行为方式。由此我们可以进行假设，企业进入一国后，两种文化竞争，问题随之而来：哪种文化会胜出？是国家文化，包括其行为方式、价值观以及相应的表现，抑或企业文化？同样，如果我们相信这种观念，依照国家文化和企业文化之间的“文化距离”不同，文化的冲击猛烈程度也不一：行为方式、价值观和观念差异愈大，融合问题就愈发困难。①

正如我们在本书中所一直论述的，企业文化和国家文化之间的相遇，性质完全不同。如果我们试图赋予“企业文化”和“国家文化”两术语符合现实的意义，两种文化中的行为方式都无法定义。

对比拉法基集团在中国和约旦两国的行为，我们发现集团的重点集中于某些价值观之上：关爱、分享、树立榜样，这和集团在准则中的宣传一致，

---

① 塔蒂亚娜·科斯托娃(Tatiana Kostova)和肯德尔·罗特(Kendall Roth)较好地阐释了这种观念："Adoption of an Organizational Practice by Subsidiaries of Multinational Corporations: Institutional and Relational Effects"，载《美国管理学院期刊》(*Academy of Management Journal*)，2002 年，第 45 卷，第 1 期，215 - 233。

因此称其为企业共同文化是很合理的。但这些价值观的具体表现方式在各国并不相同。价值观具体表现不相同,具体实践也不相同。

国家文化可以具有多种实施方式,其和价值观的多种导向相关。当数个强大价值体系在一国内展开竞争,导致千差万别的行为方式,这一点体现得尤其明显。宗教价值和部落价值共存的约旦是非常鲜明的例子,但我们在其他国家也会观察到。而在统一的国家文化内,则是另一番情形,这里涉及一种意义的总体范畴:存在着一种特定的忧虑根源,事件和局势的意义被其掩饰;忧虑根源是一种人们特别害怕置身其中、竭尽全力避免的情况。如在美国,人们害怕丧失对命运的掌控;在法国,人们害怕因恐惧或利益,拜倒在损己或利己者面前;在中国,人们害怕利益和激情无序争斗引起的混乱。[①] 主流的优良社会共存观念能够驱散相应的恐惧(在美国,契约关系无处不在,每个人都认为除了自己赞同的义务之外,不需遵从其他义务,因此自己是命运的主宰)。

在这种情况下,“企业文化”和国家文化的相遇并不涉及竞争问题,何方胜利的问题也不存在。企业希望推广其文化,这里指的是其所看重的价值观,并不需要攻击东道国的重要参照,社会生活正是在这些参照中产生意义;相反,企业应该依赖这些参照。当企业子公司的管理模式和该国最为常见模式大相径庭时,这点依旧确信无疑。

在这一方面,我们观察到拉法基集团的情况和其他企业类似。以意法半导体公司摩洛哥子公司为例,公司建立了一种道德秩序,而这种道德秩序与企业所在国惯常的企业道德秩序抵触。但此种秩序巧妙地借用了摩洛哥形式,和摩洛哥伊斯兰教传载的道德秩序观和谐相处。同样,达能在墨西哥的子公司,也在竭力将集体价值观和“双重计划”与企业繁荣发展、员工利益以及惠利企业周边居民结合起来;而公司通过一种运营模式,将深层的互助

---

① 参见:*Penser la diversité du monde*.(参见前文注释)

和深刻的企业身份认同结合起来，和一般的墨西哥公司形成鲜明对比。但从企业内部、企业和周围环境所建立的具体关系可见，这种运营模式具有典型的墨西哥特点。这些关系有助于驱除恐惧感，恐惧感是墨西哥文化的特点所在：满怀壮志和梦想，但害怕自己没有能力实现这些梦想，害怕得不到帮助来实现梦想。①

无论我们身处地球何地，我们都会发现看似普遍的价值观，如互相关心、合作精神等。言行上重视这些价值观的企业，可以在世界各地子公司内身体力行，并与当地文化背景并行不悖。可以简单地青睐企业所在国经典的运作方式，但如果有的社会不太习惯企业界盛行的合作价值观，也可以开启协同工作的新途径。富有人文传统的西方企业在世界上很多地方都理应发挥这种作用，尤其在亚洲。由于价值观使然，这些企业易于树立坚定、公正和善意的威信；在很多还没有实行这些价值观的社会中，企业的威信会成为参照。因此，此类企业可以帮助这些社会在经济和社会方面实行现代化，而这不但不会否认其文化，反而这种改良的文化会吸引更多的追随者。

社会组织管理

在观察分析共同价值观和不同文化的相遇方式方面，企业为研究者们提供了良好的环境。但企业并不是唯一，也不是第一个涉及这种相遇的。在国家统治中，尤其是民主、尊重人权方面，我们同样发现了这种相遇，但其属于另一种范畴。

但文化多样性所引发的问题，无论是涉及企业整体组织方面，或是人类和多样文化关系方面，都远远超出我们的研究范畴（为此我们计划专门撰写一部作品）。此外，从如此平庸的企业生活主题出发来谈论这些“宏大”问

① Philippe d'Iribarne, *Le Tiers-Monde qui réussit*.（参见前文注释）

题，似乎也不太合适。但自然规律存在于最为平淡无奇的现象中（万有引力既和苹果落地、苍蝇飞翔相关，也和教堂建筑以及星球运动相关），因此涉及人类时难道不也同理吗？有志面向全人类的任何理想的实现都应因地制宜。但我们考虑到各种不同的崇高理想，无论涉及宗教[1]、意识形态、家庭生活或企业行为，其作用的现象并非截然对立。

在相对的价值观与至高无上的文化之间进行选择，这是无法承受的困境。为了走出困境，人们通常提议开展"文化间对话"，可以从多种善之观念的背后，发现人类共识，从而将所有文化共通的善之观念公之于世。尽管这些观念使用的语言和形象各异，但可以想象到各观念本质是统一的。己所不欲，勿施于人；或者更积极的说法，己所欲，施于人——这样的金玉良言在儒教、《圣经》和古代哲思中不都有体现吗？因此全世界所有善良的人们，应该团结起来，超越表面分离之物，一起弘扬价值观，对存在方式、机构和法规进行界定，使人们生活在和平中。但整个问题本身依旧存在：在何种情况下，对这种观念，人们不只限于在无数国际会议中虔诚演讲？一些社会继承了不同于西方社会的传统，在这些社会中，民主、人权以及更广泛的启蒙时代遗产——这些既是价值观，也是企业管理的具体方法——如何被接受，具体形式又如何？这尤其是问题所在。

自人们将著名的放之四海而皆准的《世界人权宣言》翻译成各种语言起，上述问题就已经出现。即使在《世界人权宣言》原则得到彻底完全承认的社会，即使人们没有试图推行其他宣言进行竞争，比如推行《伊斯兰人权宣言》，问题依旧存在。只需比较《世界人权宣言》的英语版和法语版，我们就可以发现问题所在。

在英语版本中，"凡受刑事控告者，在依法证实有罪以前，**有权被**视为无罪"（Everyone charged with a penal offence **has the right to be** presumed

---

① 宗教在不同的文化背景中进行传播时，同样会有普遍价值和具体文化的融合问题。如 17 世纪基督教传入中国时，著名的礼拜仪式之争为经典之例。

innocent until proved guilty according to law)这句话在法语版本中则是“凡受刑事控告者，在依法证实有罪以前，**皆被**视为无罪”(Toute personne accusée d'un acte délictueux **est** présumée innocente jusqu'à ce que sa culpabilité ait été légalement établie)。

另外，英语版本中“人权应受**法规**保护”(Human rights should be protected by **the rule of law**)这句话在法语版本中则为“人权应受**法律制度**保护”(Il est essentiel que les droits de l'homme soient protégés par **un régime de droit**)。

由此可见，在第一句话中，英语版本涉及的是一种手续：借助法律规定，从而保护每个人。而法语版本则并不涉及我们所“拥有”、用以自我保护的法律的问题，而是我们“本然”的问题。在第二句话中，法语版本的“法律制度”，意味着无论何种情况，在法占据重要地位的众多可能的制度中，我们皆借助于“一种”制度。The rule of law 则是另外一回事，这里涉及的是法律。

同样，在法语版本中承认我们将要取得某个成果，英语版本中则明显更为谨慎，更为侧重我们将要付出的努力。

在英语版本中，“联合国各国人民……决心**促成**……较大自由中的生活水平的改善”(The peoples of the United Nations have ... determined to **promote** ... better standards of life in larger freedom)这句话在法语版本中则为“联合国各国人民……决心**实现**……较大自由中的生活水平的改善”(Les peuples des Nations unies ... se sont déclarés résolus à ... **instaurer** de meilleures conditions de vie dans une liberté plus grande)。

“各成员国承诺**促进**……对人权的普遍**尊重**和遵行……”(Member States have pledged themselves to **achieve ... the promotion of** universal **respect** for and observance of human rights ...)这句话在法语版本中则为“各成员国承诺**保证**……对人权普遍及有效的**尊重**……”(Les États membres se sont engagés à **assurer** ... **le respect** universel et effectif des droits de l'homme . . .)。

Promote(参考《哈拉普词典》,promote 有“鼓励”、“促进”、“有助”、“提升”等意),相比“实现”或“保证”,确定性明显减弱。这也正是拉法基集团准则英法语版本的不同所在。从盎格鲁-撒克逊角度出发,宗教道德领域和法律领域泾渭分明。宗教道德领域特征是人类的弱小,因此其只能涉及纯良动机;而在法律领域,则涉及用惩戒手段来履行合约——如果我们对后果不确定,最好应该避免。而在法国,人们更以荣誉为参照,避免承认弱点。

从认可价值观(人人生而自由,在自由和权利上一律平等)到采用方法让(正义、国家、道德教育)这些价值观得到遵守,不同版本之间会产生差异。而方法纳入不同的社会结构形式中,因国家而异,即便是在价值观如此接近的法国和美国,情况也是如此。如果没有差异——哪怕是语言上最微小的差别(如“促进”promote 和“实现”instaurer),我们就无法谈及这一点。只要我们依旧停留在一定的抽象层面上,只要我们不明晰话语含义,那么这样一种价值观词汇表就会存在。当我们从一种文化过渡到另外一种文化,词汇表让我们感觉不到任何变化;而一旦涉及社会结构问题,词汇表本身就会变化。

在中国和阿拉伯国家的经历,使我们对有可能在这些国家形成的人权范畴内的理想模式有了大概的了解。在中国和阿拉伯国家,我们无数次接触到难以接受争议的文化,而重视争议则在启蒙时代所宣扬的解放观念中占据重要地位。这一观念源于欧洲社会或欧洲文化中,在英国、法国和美国,其表现形式尤为极端。[①] 在中国和阿拉伯国家,人们很难接受这种观点。

因此,在中国询问员工关于公司运作的问题时,我们了解到一般中国民众对权力的期待,这既不涉及专制制度,也并非民主名义下的辩论。在西方

---

① 在美国表现比英国更为极端,参见:Hans-Georg Gadamer, *Vérité et Méthode*; *les grandes lignes d'une herméneutique philosophique* (1960 - 1990), Paris, Éd. du Seuil, 1996, p. 294.

观念中,权力要永远接受质疑。而他们的言论并无向西方观念转变的特征,但也无专制制度特征。公开表达要求,这种行为被视为具有进攻性,但人们期待权力体系能够明白下属意愿,而无需下属明说。人们欢迎设立更为重视员工意见的机构,但这并不意味着骄傲地显示公民权利。但人们不再被动地听任权力处置,人们渴望一个有章可循的有序世界,这是企业的重心所在。在中国所观察到的种种现象告诉我们,可以期待其通过更大范围的权力演练发展出更为重视民意表达的政治形式,而并非符合西方标准的标准化机构或者实践形式。因此,中国社会的发展可能会更加重视民主价值,并与其文化相容,且根据人们的积极程度来定性标准的宽泛或严格。

为什么西方社会看重的价值观,在政治制度领域的传播难度超过企业领域?因为我们接触的是不同的权力执行类型。企业领域涉及的是有限民主。此外,西方社会认为,雇员身份和民主社会自由公民身份的相容与否会引发问题。通过我们在拉法基法国和美国的企业进行的调查研究可以发现这一难题。无论如何,具有人文传统的企业依旧具有企业独有的权力结构特征,即便领导希望良好地使用权力。因而在此层面上,企业在西方受到质疑,在"真正"民主的名义下,企业至少背上"家长制作风"的指责,甚至会被斥为"虚伪"。相反,不仅在中国和约旦,企业提出的有限民主形式极其符合世界大部分地区的期待。但传播极端的民主则另当别论。在西方文化中,人人具有承认个人观点、批评和辩论的权利,人们认为这是对抗不人道的奴隶制度和专制制度的基本保障;但在其他地区则远非如此。在中国,人们更多地将混乱视为不人道的根源,人们害怕不同观念和利益的碰撞会带来混乱。在阿拉伯地区,人们则认为只有全体成员保持团结一致,才能到达完全人道的状态。因此,在这种情况下,除了少数西化的人之外,西方模式很难得以全盘接受。

人类社会的统一性与多样性

谈及团结和人道,我们在普遍价值观与文化本位主义二者关系方面所做的分析有何参考意义呢?[①] 承载着同样价值观的同一信息,分析其在不同文化背景下的接受和形成方式,我们将会发现这种统一既真实又相对。

以"自由"(libertad, liberty, freedom, freiheit)一词为例,其在不同文化中具体含义并不相同。英语中的自由与产权密切相关,德语中的自由意为在团体中具有发言权,法语中的自由则意味着在很多方面受到应有的尊敬。[②]因此将其翻译到西方以外的国家有时很成问题。[③] 但英国人、法国人和德国人所言的自由还是存在共同之处。对他们而言,自由皆涉及个人和某种事物,和一种某种意义上的外在力量的关系(即使是一些恶习,甚至在另外一种意义上,这些恶习属于试图摆脱它们的个人),要和此外部力量的影响进行斗争,虽然在不同文化中,面对的是不同的外部力量,与其影响相斗争的方式也不同。总而言之,超越多种文化之上,谈论共同价值观并非徒劳无功。更具体而言,抽象程度足够的话,我们将掌握一套价值观词汇,可以在各语言以及文明之间搭建桥梁,从而找到共同价值观。但如果我们想象人类由共同规定、共同法律和相似机构管理,统一价值观应该比料想中要软弱很多。

文明碰撞问题众说纷纭,最终我们何以为言? 我们能否超越各种成见、好斗或者和平的口号之外,就多种文化在世界命运中的作用,尝试进行严肃思考? 为此需要人们进行远超出企业界之外的大量工作。不过我们在中国和约旦的经历为此提供了若干思路。我们和这些国家的合作极为丰富、富有成效,但合作并不需要消除合作双方的文化差异: 一方为西方,一方为中国或约旦。因此,我们似乎难以相信文化差异是冲突的必然之源。但需要指出的是,相遇产生的环境是非常积极的(具有人文主义传统的西方企业和

---

① 弗朗索瓦·于连(François Jullien)在《文化间的普遍性、统一、共通和对话》中对这一问题进行了探讨: *De l'universel*, *de l'uniforme*, *du commun et du dialogue entre les cultures*, Paris, Fayard, 2008.

② "Trois figures de la liberté."(参见前文注释)

③ 这正是"liberté"(自由)一词翻译为中文的情况: Léon Vandermeersch, *Le Nouveau Monde sinisé*, Paris, Librairie Young-Feng, 2004, p. 185.

寻找“正确权力”的员工的合作尤其顺利)。但在其他领域,合作则困难得多(如在联合国人权委员会、联合国人权理事会)。认为两种文化相遇必然引起合作或冲突,这种看法也许是错误的。认为有关利益、敌对和利益互补之物才是唯一关键,而不考虑文化和价值观的作用,这种看法也许更是大错特错,这些观念显然都过于简单。要具体了解文化差异在文化相遇的各个领域的表现,我们还有很多工作要做。

结　语

文化观念广泛植根于人们的头脑中,这种观念涉及价值观、行为方式以及身份认同,导致人们对文化差异及其在民族关系中的作用的看法极为消极。人们认为这些差别导致价值观方面的重重冲突。民主和人权关系一方面涉及文化多样性,另一方面尤其成问题。价值观可以长久成为某些人的特权,人们似乎难以容忍这种想法;尤其是当人们想象西方以推动与其不利的文化“进步”为使命时。企业在全球各地发展同样面临这些问题。文化帝国主义观念道德上可疑,效果也很成问题,似乎并不比“尊重文化”更容易接受,而“尊重文化”则类似于一种放弃。

为了摆脱文化差异引起的危机,抛弃民族特有文化这一观念本身是非常诱人的。想象一种混合人类,其中每个成员根据文化片段自由选择构造个人文化,而文化片段依旧具有一定的稳定性,但已经面目全非,这样也许可以消除不同文化团体的任何冲突风险。在恐惧和空想之间,几乎不再有空间对文化及其作用进行明智反思。而有关普遍价值观和多种文化的关系问题,也面临着只能用魔幻方法处理的危险。

为此我们需要抛弃一些空想,脚踏实地。人们在不同文化中形成各自的世界观,当他们相遇、共同工作时真正发生的事情是我们关注的;为此而选择研究领域,进行观察、分析,尽力去理解。当人们用不同语言陈述价值观时,已经发生了什么?之后留存下来何种共同点,而何种差异又开始产生?随后当我们向现实世界又迈进一步,使价值观真正影响生活时又发生了什么?我们在全世界找到的各种优良的共存方式观念又是如何影响我们的实践方式?

通过对四种文化的思考,我们试图对上述问题进行回答:一方面是美国和法国,两国对民主和人权的普及起到了重要作用;另外一方面是中国和约旦,两国并没有特别实践这些价值观。拉法基是一家富有法国传统的跨国企业,结构带有鲜明的美国色彩,我们对其在中国和约旦分享价值观的举措进行了思考,从中汲取了一些经验教训。

在外企工作的中国人或约旦人并没有忘掉自己的文化;他们关注生存,由此产生一种独特的积极共处方式,他们对其所适应的权力执行方式的看法更为独特。他们正是依据这些观念来判断他们的经历,尤其是对他们所接收的异国事物。但和通常的文化差异观相反的是,这些并没有阻止他们欣赏外来事物。

在中国和约旦,我们发现人们对"正确权力"寄予极大期望,"正确权力"应该公正、亲民、关心人民利益。但我们在这些国家调查时发现,其国内企业的"正确权力"并非如此(在中国,政府机构把守严格的规则;在约旦,大领导在道德方面具有极高权威,负责保证公平)。人们更多习惯了一种"遥远、抽象和冷淡的"权力。这是因为文化设想出"正确权力"的形态,而其对领导者的执权问题则是完全开放的。事实上人们对权力是否忠心属于价值观问题,而非文化问题。

而具有人文传统的西方企业对价值观中的权力也正好有要求。企业认为,理想的权力应该公正、亲民、关心权力实施对象的利益。这种权力观同样带有文化色彩。而文化表现方式因地域而不同。但只要企业愿意在所到之处皆忠于自身价值观,同时准备根据当地"正确权力"的观点来表现价值观,那么在对"正确权力"寄予厚望的社会中,企业有无限的可能激发职员的归属感。这种归属感在当地的强烈程度甚至会超过西方国家。在西方国家，“正确权力”的形象有若干可疑成分，有被人们指责为“家长制作风”甚至“虚伪”的危险。而在世界上很多地方，这种激发职员归属感的可能性为提高企业效率、促进国家经济发展开启了新的前景。

但涉及另一种价值观时，情况则不同，即不再涉及“正确权力”的价值观，而是涉及与完全民主社会相关的价值观，这种社会的特征是注重思想自由，注重批判观点的表达，注重思想争鸣。这些价值观受到西方社会青睐，但在世界大多数地区并不受欢迎。并不是因为这些地区的统治者热衷于独裁，原因没有这么简单。我们在调查中清楚发现，大众更多将这些价值观视为恐怖之物，这才是更深刻的原因。大众认为这些价值观更多地会带来分裂和混乱，而非人道主义。如果西方企业希望在世界各地推广这些价值观，在很多地区会被误解、不受欢迎。

当我们从企业界进入国家，区分与“正确权力”形象相关的价值观和与民主社会相关的价值观开始成为关键所在。一方面要努力普及所谓有限民主，内容包括法律面前人人平等、领导具有一定能力倾听人民诉求、执权适度符合公众利益等。如果我们捍卫的是这些，我们就可以一些价值观为依据，而我们也许会在全世界范围内找到这些价值观，即便其经常难以得以体现。另一方面则追求传播以人权、思想自由和争鸣为中心的彻底民主。但这也许需要世界大部分地区发生深刻的文化变革。从人类角度出发，我们可以乐观地相信这一可能，而西方也从此不再孤独前行。

上海市版权局著作权合同登记：图字 09 - 2010 - 707 号

图书在版编目(CIP)数据

面对差异的考验：一个跨国公司的经历 /(法) 迪里巴尔纳著;周冉,丁小会译. —上海：东方出版中心，2011.10
ISBN 978 - 7 - 5473 - 0407 - 5

Ⅰ. ①面… Ⅱ. ①迪… ②周… ③丁… Ⅲ. ①建筑材料工业—工业企业管理—研究—法国 Ⅳ. ①F456.569

中国版本图书馆 CIP 数据核字(2011)第 184642 号

责任编辑：张芝佳
责任印制：周　勇
装帧设计：董　伟
出版发行：东方出版中心
地　　址：上海市仙霞路 345 号
邮政编码：200336
电　　话：021 - 62417400
印　　刷：昆山市亭林印刷有限责任公司
开　　本：890 × 1240 毫米　1/32
印　　张：3.75
字　　数：96.5 千
印　　次：2011 年 10 月第 1 版第 1 次印刷
定　　价：25.00 元